INSPÍRATE
MENTE|CUERPO|ESPÍRITU

Pat Quintero
Life Coach

Primera Edición: Mayo 2017

ISBN-13: 978-1546417354

ISBN-10: 1546417354

Para más información visítanos en la página oficial del autor:

www.inspirateconpat.com

Impreso en: Estados Unidos

INSPÍRATE

MENTE | CUERPO | ESPÍRITU

Pat Quintero
Life Coach

DEDICADO EN GRATITUD A...

El universo que con su infinita sabiduría me ha permitido conectar con lo divino.

Mi mamá Lety, mis hermanos: Jaime, Karla y Nallely que siempre están en mi corazón y los amo siempre.

Cada uno de los seres espirituales que me han acompañado en este maravilloso camino.

Todos los seres de luz que se han cruzado frente a mi.

Todos los meditadores del Plan Inspírate.

Todos los seres que han conspirado a mi favor y vibran conmigo siempre.

Todos los ángeles terrenales que me han abierto sus alas y su corazón.

Todos los maestros que han aportado gran conocimiento a mi vida.

Todos los que han estado siempre en gratitud, amor y conexión.

Especialmente a tí...

GRACIAS DIOS POR TODO LO DADO.

TODO ES MÁGICO CUANDO PERCIBES EN TÉRMINOS DE VIBRACIÓN Y ENERGÍA.

ÍNDICE

PRÓLOGO

Cuando leí mi primer libro sobre motivación tenía 17 años y vivía en Tamaulipas, México, se llamaba "Aprende a ser feliz" y daba consejos de cómo alcanzar la felicidad, como por ejemplo ir al cine con tu familia, disfrutar de un partido de deportes, reír, bailar y yo pregunté: muy bien iré al cine, pero ¿cómo ser realmente feliz ahí?, ¿Cómo ser feliz si se acaba de morir mi mejor amigo?, ¿Cómo ser feliz si no tengo novio?, ¿Cómo ser feliz si no me gusta mi cuerpo delgado?. Y de ahí inicio la búsqueda, una búsqueda de cómo encontrar la verdadera felicidad, no solo en escritura, sino también en la práctica.

Nunca me imagine un día escribir un libro precisamente, mostrándoles a las personas un camino real a la felicidad... construyéndola día a día, inspirándose.

El año 2007 fue muy transformador e impactante en mi área de desarrollo personal. En Febrero, tomé mi taller de Transformación Básico y de ahí me surgió de nuevo el gusanito de la motivación. En Junio del mismo año realice un viaje a CDMX y encontré un libro titulado "Nunca cierres tu fábrica de sueños" y me impacto tanto, un libro tan pequeño, con ejercicios simples, así que decidí hacerlos, porque si algo tenía claro, era que quería ser feliz. En septiembre leí el libro "El Secreto" y fue muy enriquecedor comprender que el mantener pensamientos positivos, que el escribir y plasmar en fotos tus sueños, te llevaba a este camino de felicidad.

A principios del año 2008 encontré el vídeo "¿Quién se ha llevado mi queso?" y me impactó como dos ratoncitos eran felices simplemente saliendo de su zona cómoda, a mediados de año leí un extraordinario libro de John Gray: "Los hombres son de Marte, las mujeres de Venus" donde comprendes el comportamiento del hombre y la mujer dentro de la relación de pareja y como la pareja al entender esto, puede ser feliz.

Durante el 2009 vi una presentación llamada: "Pato o águila" y un pequeño escrito sobre como el águila se transformaba al llegar a sus 40 años de vida.

Finalmente entendí que todo esto tenía un solo camino, la felicidad del ser humano, después me pregunté: ¿Porque toda esta información está esparcida?. Tantas técnicas, tantos ejercicios, tantos métodos para ser feliz y todos sueltos.

Del 2012 al 2015 viví una gran historia dentro de la Transformación, cursé mis talleres, tomé la academia de Coaching y fui coordinadora en un Centro de Transformación y Liderazgo. Me certifique como entrenadora Transformacional y Coach de Vida. Tuve la oportunidad de crear mi Programa de Radio on-line, impartir meditaciones, tener sesiones de Coaching y de implementar el Plan Inspírate de meditación.

Durante el 2016 mi vida se lleno de Transformación, grupos de meditación del Plan Inspírate y muchas, muchas sesiones de Coaching uno a uno.

Te digo todo esto porque mi vida los últimos 20 años ha estado enfocada entre el aprender, desaprender y enseñar cual es el realidad sobre la felicidad. Y te puedo compartir que ha sido un camino desafiante y muy enriquecedor, sobre todo muy satisfactorio. Y he encontrado en todo esto, que si bien la felicidad esta dentro de uno, debes sanar, aprender y sobre todo, meditar para conectar.

Deseo de todo corazón que disfrutes de estos temas que están escritos con toda la intención de que conozcas que hay diferentes caminos para el encuentro de la felicidad, solo debes saber con cual conectas y ese es el mejor para ti.

Te agradezco con la mano en mi corazón y una reverencia, que tomes tu tiempo para estar aquí, inspirándote en este libro que he realizado con toda la paz que hay en mi ser.

Gracias! Gracias! Gracias!

Capítulo 1. Inspírate

Inspirar es causar o producir un determinado sentimiento. Inspírate es causar un sentimiento motivado por alguien o algo para el desarrollo de la mente, cuerpo o espíritu.

Qué es "Inspírate"?. Inspírate nació debido a la necesidad entre las personas de auto-motivarse, para desarrollar la mente, el cuerpo o el espíritu. Surgió como un programa de radio motivacional y después, debido a las meditaciones on-line que se hacían y a petición de algunas personas del público, se llevaron estas meditaciones en vivo, de lo cual surgió el "Plan Inspírate".

En mi camino espiritual me fui encontrando con grandes maestros con maravillosas enseñanzas así como técnicas, ejercicios, procesos y un sinfín de caminos para la sanación, liberación del pasado, disfrute del presente, la

1

visualización de una vida plena y la realización de metas a futuro y sobre todo el encuentro con la verdadera felicidad, la cual puedo resumir en una total paz interior real.

¿Por qué mente, cuerpo y espíritu? El ser humano está divido en un cuerpo, la mente y el espíritu. Un cuerpo sano ayuda a tener una mente sana; y el espíritu es el que nos pone en contacto con nuestra verdadera esencia, nos libera de los condicionamientos y nos permite trascender a un nivel superior. El espíritu es lo que nos impulsa a buscar nuestro propio rumbo y a emprender el camino hacia la verdadera realización personal.

Es necesario encontrar tiempo para estar solo contigo mismo, para aprender a valorarte, a aceptarte como eres y lograr la paz y felicidad interior. Ese contacto con nuestro ser interior nos hará más creativos, nos permitirá dejar de lado las influencias externas y aprender a enfrentar las situaciones desde una perspectiva más amplia.

Desafortunadamente el ser humano, una vez que se ve sumergido en un mar de conflictos es cuando busca y siente la necesidad de conectar con su espíritu, que es la única fuerza capaz de dar paz y serenidad en los momentos difíciles.

La espiritualidad no implica adherirse a una creencia o religión, ni obliga a cumplir con rituales específicos. Tampoco se trata de hacer promesas o sacrificios para sentirse protegido. El ser espiritual es una conexión de cuerpo, mente y espíritu en total equilibrio, he ahí la importancia de alimentar la mente con temas positivos, y de ahí surgió la idea de crear un programa motivacional llamado "Inspírate con Pat".

"Inspírate con Pat" fue un programa de radio on-line, cuyo intro radial decía: "desde la plataforma motivacional de Radio... Inspírate, todos los lunes y miércoles a las 9:30 pm con Pat Quintero, mujer líder, emprendedora, entregada totalmente a la transformación de las personas y al desarrollo personal. Inspírate con Pat Quintero. El movimiento que está impactado vidas en el mundo entero, inspírate, ya comenzamos" y así comenzó la historia de querer proyectar lo dicho en el programa a la realidad a través del Plan Inspírate y ahora a través de este libro.

El objetivo principal de este libro es plasmar y presentar en 51 temas, varias de las técnicas, métodos o procesos que existen para sanar, purificar, visualizar o liberar, y que sea el mismo lector quien las pueda identificar y así utilizar el que mejor se adapte a lo que su ser requiera trabajar en ese momento. Combinando el equilibrar la mente, cuerpo y espíritu.

Cada uno de los 51 temas del programa contiene una descripción general del mismo, el cual puede constar de una o varias de las siguientes cosas: tips, puntos, reflexiones, frases, afirmaciones positivas, algunas letras de canciones, poemas, descripciones de libros, frases de desarrollo personal, teorías, explicaciones de videos, tipos de filosofías y mucha información de gran interés. El apartado denominado "Te quiero inspirar a" es una frase del programa donde se hace un resumen del tema para que puedas tomar una acción específica en tu vida.

El ejercicio inspirador es un ejercicio que puedes realizar los 7 días de la semana o un solo día, depende de lo que tú quieras. Recuerda que cada tema es para que lo leas por semana. Además el ejercicio lo puedes realizar en cualquier momento, incluso combinarlos. Puedes combinar el dar gracias con meditar. Este ejercicio te mantendrá inspirado, para estar creando cosas diferentes en tu vida.

Cabe aclarar que si bien los ejercicios aportan bastante a tu vida, es necesario siempre tener una guía o un Coach que te permita realizar el mismo con un enfoque preciso y después poder realizar una evaluación sobre un área particular en tu vida. Para que puedas seguir avanzado y logrando lo que sí quieres en la vida.

El apartado, "resultados en tu vida" el cual identificarás por la siguiente imagen.

Es media página dedicada a tí, para que tú hagas tus propios registros una vez que hayas realizado el ejercicio inspirador y registres: ¿Cómo te sentiste?, ¿Qué diferencia se marcó en tu vida?, ¿Qué aprendiste?, ¿Cómo te sientes al realizar tu ejercicio?, ¿Cuáles son tus sentimientos?, ¿Qué cambio observaste?, ¿Cuál es tu transformación?.

Capítulo 2. Temas de los Programas.

Estos temas son de 51 semanas del programa radial "Inspírate con Pat" que se transmitió cada semana con un tema motivacional diferente en una estación de radio on-line.

La idea general del programa radial "Inspírate con Pat" era proporcionar un espacio de Coaching, meditaciones, desarrollo personal, un tema motivacional, una canción motivacional acorde al tema y sobre todo que los radioescuchas encontraran un espacio de paz y tranquilidad dentro de sus noches. Inspírate con Pat, fue transmitido durante 2 años todos los lunes a las 9:30 pm. Cada programa estaba compuesto de una bienvenida, desarrollo del tema, una canción motivacional, Coaching para reflexionar, 10 minutos de meditación on-line, un frase inspiracional y la despedida en total gratitud.

Mi idea general fue crear un espacio donde las personas reconocieran e identificaran que hay diferentes técnicas de sanación, motivación o inspiración. Yo tuve la oportunidad de conocer cada una de estas técnicas, procesos, pasos o ejercicios en un espacio de 10 años, desde el 2007.

Todos los temas los obtuve de artículos en internet, diferentes libros, algunos videos motivacionales, poemas o de letras de canciones.

En algunos menciono el libro y autor, los artículos de internet no le puse autor porque a veces solo obtenía unas frases de ahí y algunos finalmente citaban a otros autores, en algunos las canciones que me inspiraron a tocar el tema. Algunos temas simplemente se me ocurrieron por situaciones que estaban aconteciendo en ese momento en mi vida.

No escribo mas...solo disfruta e Inspírate.

1. EL PRESENTE

Atrévete a vivir la vida en tiempo presente. Atrévete a honrar tu pasado y planea para el futuro. Honra tu pasado, cualquiera que sea tu pasado, ¿sabes por qué? Porque en tu pasado también hay cosas buenas, maravillosas y extraordinarias, recuerdas algún cumpleaños, tu graduación, el nacimiento de alguno de tus hijos, una cena romántica, un San Valentín padrísimo, un atardecer mágico. Recuerda algunas vacaciones inolvidables. Y que me dices de esa navidad que aún la tienes en tu corazón. Y esa cena de Año nuevo que brindaste y pediste muchos deseos por el año venidero. ¿Qué tal? Demasiados bellos momentos en tu pasado, verdad? Pues es momento de honrarlos y quedarte con esa sensación de paz, armonía y felicidad. Observa como tu pasado es solo eso, un sitio lleno de experiencias y recuerdos en tu mente.
Quiero que aprendas a ver lo maravilloso

que es conectarte con las cosas positivas de tu pasado y sobre todo que cuando vayas al pasado, solo sea para ver lo bonito.

Ahora, vamos a nuestro presente. ¿Qué hay en nuestro presente actual?, ¿Qué es lo que en este momento disfrutas tanto que te hace feliz?, ¿Qué es lo que más te apasiona hacer?, ¿Cómo sería que apreciaras todo lo maravilloso que tienes en este momento? Imagínate vivir una vida feliz, con compromiso, responsablemente y en gratitud.

Mi invitación es a que vivas tu vida en el aquí y en el ahora. Vive con urgencia, con compromiso y con determinación. Vive en un espacio de crear día a día cosas

Y qué tal tu futuro, ¿Qué hay sobre planear para el futuro?, ¿Dónde te ves en los próximos meses?, ¿Dónde te ves en los próximos 5 años?, ¿Qué estarás haciendo dentro de 10 años?.

Es importante planear para el futuro, porque el futuro nos indica hacia donde nos dirigimos.

Vive tu vida en el presente, sin embargo debes planear para el futuro. Has planes, sueña, ponte metas, planea tus próximas vacaciones, estudia algo nuevo. Qué planes tienes? Cuáles son tus sueños?

Recuerda, como dice el Libro "El presente" de Spencer Johnson, Recuerda vivir con un propósito específico, ya que el presente es lo único que tenemos, honra el pasado y planea para el futuro para construir tu camino.

¿Cómo eliminar esa sensación de estar abrumado por el pasado? Muy simple empieza a pensar cada vez que inhalas en las palabras paz y amor y cuando exhales piensa en las palabras gratitud y felicidad.

TE QUIERO INSPIRAR A: que conectes con tu presente.

EJERCICIO INSPIRADOR:

Respira profundamente, voltea a tu alrededor y siéntete agradecido por todo lo que hay en este presente.

RESULTADOS EN TU VIDA:

2. TE DESEO TIEMPO.

Vivimos en un mundo donde lo que menos tenemos es tiempo. "No tengo tiempo para nada" es quizás la frase más pronunciada de la historia de este siglo. Mi opinión es que tenemos el mismo tiempo que antes para hacer cosas. El tiempo siempre es el mismo, 8 horas para dormir, 8 para trabajar y 8 para nuestras cosas (familia, trabajo de casa, ocio, etc). Entonces ¿Por qué vamos tan agobiados, porque esa continua queja de "no tengo tiempo para nada?".

El problema es que en estos nuevos tiempos abarcamos más de lo que podemos. Ve las redes sociales y lo que ves no es gente que no tiene tiempo para nada. Lo que ves es gente SIEMPRE haciendo cosas, gente con mucho tiempo para ir a eventos, encontrarse con amigos, hacer cursos y talleres, ir a conciertos, presentaciones de libros, viajes... En redes sociales todo el mundo está ocupado en algo. Todo el mundo tiene tiempo para hacer cosas. Y ahí reside uno de los problemas. En las últimas décadas se han multiplicado las cosas que queremos hacer y los contactos que tenemos. Si antes teníamos 5 amigos con los que conversar (por teléfono) ahora tenemos 100 con los que charlar (por whatsapp, Messenger, redes sociales). Y con tus amigos "reales" debes hacer citas con antelación porque todos están ocupados en "algo".

Por eso, en cuanto leí el siguiente poema, me quedo claro que no es que no tengamos tiempo, simplemente lo utilizamos en "cosas" y por eso nos quedamos con la sensación de que no tenemos tiempo para nada. Disfrútalo.

Te deseo tiempo
(Poema de Indios Americanos)

No te deseo un regalo cualquiera, te deseo aquello que la mayoría no tiene, te deseo tiempo, para reír y divertirte, si lo usas adecuadamente podrás obtener de el lo que quieras.
Te deseo tiempo para tu quehacer y tu

pensar no sólo para ti mismo sino también para dedicárselo a los demás.

Te deseo tiempo no para apurarte y andar con prisas sino para que siempre estés contento.

Te deseo tiempo, no sólo para que transcurra, sino para que te quede: tiempo para asombrarte y tiempo para tener confianza y no sólo para que lo veas en el reloj.

Te deseo tiempo para que toques las estrellas y tiempo para crecer, para madurar. Para ser tu.

Te deseo tiempo, para tener esperanza otra vez y para amar, no tiene sentido añorar.

Te deseo tiempo para que te encuentres contigo mismo, para vivir cada día, cada hora, cada minuto como un regalo.

También te deseo tiempo para perdonar y aceptar. Te deseo de corazón que tengas tiempo, tiempo para tu vida.

TE QUIERO INSPIRAR A: que busques tiempo para ti.

EJERCICIO INSPIRADOR: dedica 5 minutos diarios para simplemente respirar, degustar, escuchar tu canción favorita, o cualquier cosa que tú de verdad disfrutes.

RESULTADOS EN TU VIDA:

3. NUNCA CIERRES TU FÁBRICA DE SUEÑOS.

El mismo título del libro del autor Luis Castañeda nos lleva a ese espacio de soñar, de abrirnos a la posibilidad de crear nuestra vida. La portada del libro contiene una frase que llama mucho la atención: "secretos poderosos para que logres todo lo que has soñado" y en la misma portada una frase poderosa de Walt Disney "si puedes soñarlo, puedes lograrlo". Este libro impacto mi vida respecto abrir la fábrica de sueños que estoy segura que lo hará contigo.

Al abrir el libro, el mismo índice te dicta la pauta con temas como "soñar es tu derecho", tienes el potencial para ser todo lo que eres capaz de ser", "tú mente el piloto que guiará tu nave a la realización de tus sueños", "imaginación vs fuerza de voluntad" entre otros. Este libro te explica mediante un "método de programación mental" como lograr aquello que deseas, también contiene frases que te pueden inspirar a ir por esos sueños y al final una bitácora de sueños.

Un apartado del libro que en lo personal me encantó es: "Lo que la mente del hombre puede imaginar y creer y desear, lo puede lograr". Esa frase se me hizo tan poderosa, tan especial, tan enigmática que decidí empezar a aplicar cada consejo del libro.

Este libro contiene recuadros con frases muy soñadoras que es como el resumen de la página, estas frases en una ocasión yo las copie y las pegue en mi pared y cada mañana las leía con una gratitud enorme, hasta que finalmente las sentí mías y te las comparto:
*Soñar es realización en potencia.
*Si puedo soñarlo, puedo realizarlo, porque querer es poder"
*Solo podrás proyectar un destino deseable, cuando te sientas digno de la mayor grandeza.
*Tu punto de partida hacia el logro de tus sueños es donde te encuentras ahora.

*Conócete a ti mismo.

*Puedes eliminar tus malos hábitos y crear hábitos buenos.

*Podemos cambiar o eliminar nuestros programas mentales que son inservibles para nuestra vida.

*Si lo imaginas con intensidad, acabarás haciéndolo.

*Aquello en lo que más fijes tu mente, acabará por realizarse.

*Puedes ser y hacer todo lo que seas capaz de imaginar.

*Ten cuidado con lo que pienses, pues puede convertirse en tu realidad.

*Tienes todo el potencial para ser todo lo que eres capaz de ser.

*Es necesario que conozcas tus metas intermedias si quieres llegar a la cima.

Y así entre frases y ejercicios, este pequeño gran libro nos lleva a soñar e imaginar que finalmente nuestros sueños pueden ser una gran realidad.

TE QUIERO INSPIRAR A: que te atrevas a realizar tus sueños.

EJERCICIO INSPIRADOR: escribe las frases y léelas todos los días hasta que las sientas tuyas.

RESULTADOS EN TU VIDA:

4. EL SECRETO DE LA LEY DE LA ATRACCIÓN.

La llave para crear la vida de tus sueños es comprender la Ley de la atracción. De acuerdo al libro "El secreto de la ley de la atracción" de Jack Canfield y D.D. Watkins.

Desde mi punto de vista, este maravilloso libro es un complemento perfecto al libro "El Secreto" ya que en este nos explica más detalladamente como pedir lo que realmente quieres. Desde que lees el índice sabes que vas a sumergirte en un camino al autoconocimiento. Entre los temas que toca este libro, está: ¿Qué eres? ¿Quién eres?, tus emociones, definir tus sueños, afirmaciones, visualización, actitud y acción.

Para este tema me enfoque en el capítulo 11 del libro llamado: Visualización. El autor menciona que la habilidad de visualizar tus sueños obrará como un catalizador para hacerlo realidad. Y agrega que los ejercicios y técnicas de visualización son extremadamente poderosos debido a que el inconsciente no puede distinguir entre una experiencia real y otra imaginada vívidamente. El inconsciente no puede diferenciar si estas recordando, imaginando o experimentando un suceso. Las diversas técnicas de visualización te permitirán experimentar plenamente cualquier situación como si fuera real. Puedes crear respuestas emocionales y fisiológicas a la situación que estás visualizando. Tu inconsciente interiorizará esta información y la almacenará como si fuera realidad, y el universo responderá a esta energía vibratoria con la manifestación correspondiente.

La visualización consiste en pintar una vívida imagen en la mente y los pensamientos y las emociones influyen en nuestro cuerpo, haciéndolo reaccionar por lo que no solo ves tus sueños, si no que los piensas y sientes.

En este capítulo del libro encontrarás una

amplia visualización para planear tu día, yo te daré una visualización corta paso a paso para que planees tu día.

1. Siéntate cómodamente y cierra tus ojos.
2. Respira lentamente, haz 10 inhalaciones y exhalaciones profundas.
3. Imagina que una luz blanca sube lentamente por tus piernas hasta tu cabeza y baja suavemente.
4. Imagina lo que quieres en tu día con todo detalle.

Cuando termines el ejercicio, el cual no debe durar más de 2 minutos. Abre los ojos despacito, con la confianza plena y total que tu día será tal cual lo has imaginado. Puedes practicar primero con los ojos abiertos para seguir los pasos y al imaginar los detalles cierras tus ojos. Confía en tu poder de visualización y ama ese poder.

TE QUIERO INSPIRAR A: que aprendas a visualizar.

Ejercicio Inspirador: practica
durante 2 minutos, cerrar los ojos, respirar 10 veces, imaginar la luz blanca recorriendo tu cuerpo e imagina como deseas que sea tu día.

Resultados en tu vida:

5. YOGA, MEDITACIÓN Y AUTOCENTRACIÓN.

Existen 3 técnicas básicas que te permiten acceder a un estado de mente estable en un mundo cambiante: YOGA, MEDITACION Y AUTOCENTRACION.

Yoga significa unión, en sánscrito: mente, cuerpo y espíritu recuperan su unidad esencial con lo divino. El yoga trae equilibrio a nuestras vidas, que es el estado necesario para que el cuerpo físico y los cuerpos sutiles que identifica la anatomía yóguica estén libres de bloqueos, enfermedades y funcionen a sus máximas capacidades.

Ese equilibrio es también lo que buscamos para sentirnos con energía vital pero con serenidad mental, conectados con nuestro ser físico y trascendente.

La meditación se caracteriza normalmente por tener algunos de estos rasgos:

Un estado de concentración sobre la

realidad del momento presente.
Un estado experimentado cuando la mente se disuelve y es libre de sus propios pensamientos
Una concentración en la cual la atención es liberada de su actividad común.
Una focalización de la mente en un único objeto de percepción, como por ejemplo la respiración o la recitación constante de un vocablo o de una sucesión de ellos.

La meditación está enfocada en el mantenimiento de la salud física o mental, e incluso puede tener propósitos de conexión cósmica para encontrar respuestas a preguntas universales que a lo largo de la Historia el ser humano ha tenido.

La Autocentración es, en esencia, el arte de Ser, el hecho de estar presente y, al estar presente sucede el milagro, se despierta la conciencia y de ahí comienza todo. Es decir comienzas a darte cuenta de todo lo que ocurre a tu alrededor y en tu interior. La

Autocentración te acompañara allá donde estés, ya sea en el trabajo, en la diversión, o a cualquier lugar que vayas. POR LO TANTO LA PUEDES PRACTICAR, MOMENTO A MOMENTO.

BENEFICIOS de practicar estas técnicas.
*Reduce el estrés.
*Incrementa las hormonas calmantes como la melatonina y la serotonina, mientras reduce el cortisol.
*Mejora la visión de corto alcance, el oído y la presión sanguínea.
*Los meditadores liberan DHEA, una hormona relacionada con la juventud.
*Reduce dolores crónicos.
*Los síntomas PRE-menstruales disminuyen en un 57%.
*Hay una notable disminución de migrañas.
*La ansiedad, insomnio y la depresión son reducidos significativamente.

TE QUIERO INSPIRAR A: que te decidas a practicar cualquiera de estas 3 técnicas

EJERCICIO INSPIRADOR: Quédate en silencio por un espacio de 5 minutos con los ojos cerrados y mira hacia dentro de ti y observa que hay.

RESULTADOS EN TU VIDA:

6. LA RENOVACIÓN DEL ÁGUILA.

El águila es el ave de mayor longevidad entre las criaturas de su especie. Vive 70 años. Pero para alcanzar esa edad, al llegar a los 40 debe tomar una seria y difícil decisión; sus uñas están apretadas y poco flexibles y no consigue aferrar a sus presas de las cuales se alimenta. Su pico largo y puntiagudo se curva, apuntando contra el pecho. Sus alas están envejecidas y pesadas y sus plumas, gruesas. ¡Volar se le hace ya muy difícil!

Entonces el águila tiene solamente dos alternativas: 1) morir o 2) atravesar un doloroso proceso de renovación que dura 150 días. Así es 150 días... Este proceso consiste en volar hacia lo alto de una montaña y quedarse ahí, en un nido cercano a un paredón, en donde no tenga necesidad de volar. Entonces el águila comienza a golpear su pico contra la pared hasta conseguir desgarrarlo y arrancarlo.
Debe esperar el crecimiento de uno

nuevo, y una vez que le crece el nuevo, con este nuevo pico se desprenderá una a una sus uñas. Cuando las nuevas uñas comienzan a crecer, tendrá que desplumarse o quitarse sus plumas viejas y esperar a que renazca su plumaje nuevo. Estas alas, picos y garras nuevas son majestuosos, brillantes, fuertes y duros. Después de cinco meses de encierro, el águila emprende su vuelo de renovación y ¡a vivir 30 años más! Así es, 30 años mas renovada, fuerte y majestuosa.

Todos llegamos en algún momento de nuestras vidas a una situación de quiebre: o hacemos el gran esfuerzo de transformarnos, o estamos condenados a morir.

Todos hemos pasado por momentos en los que parecen que hemos dado TODO en nuestro trabajo, familia y comunidad, todo lo que teníamos, pareciera como si hubiéramos agotado nuestra creatividad y que ya no tenemos que aportar. Nuestra vida suele verse gris y envejecida. ¡Estamos en un punto de quiebre! De soltarlo todo…. Recuerda que solo hay 2 opciones: O nos transformamos como las águilas o estaremos condenados a morir. La transformación consiste en primer lugar en hacer un ALTO en el camino, tenemos que "guardarnos" por algún tiempo. Volar hacia lo alto y comenzar un duro proceso de renovación. Mirar hacia adentro y comenzar un proceso de renovación. Solo así podremos desprendernos de esas viejas uñas y plumas para continuar un vuelo de renacimiento y de victoria.

Segundo: Tenemos que desprendemos de esas viejas uñas y plumas, que para nosotros equivale a desprendernos de actitudes, vicios, costumbres y recuerdos que nos causan dolor y nos impiden el cambio. Que nos atan al pasado, a la mediocridad, a la falta de ánimo para reiniciar la lucha.

Solamente libres de peso podremos aprovechar el resultado valioso que siempre trae la renovación. ¿Y por qué esperar a tener 40 años? Renuévate ya!

TE QUIERO INSPIRAR A: que decidas renovarte como el águila.

EJERCICIO INSPIRADOR:

Toma un fin de semana libre, el primer día, mira a tu interior y registra las cosas de las que te quieres desprender, el segundo día practica el desprenderte de esas actitudes, vicios, costumbres y recuerdos.

RESULTADOS EN TU VIDA:

7. QUIÉN SE HA LLEVADO MI QUESO?

La historia trata sobre dos ratones y dos hombrecitos que vivían en un laberinto y su único objetivo era salir a buscar queso, los ratones tenían un método de búsqueda particular, era sencillo pero ineficaz, el método de prueba y error, recorrían un pasillo, y si estaba vacío, daban media vuelta y recorrían el siguiente. Mientras que los hombrecitos, tenían otro método de búsqueda, más complejo, se basaban en la capacidad de ambos de pensar y aprender de las experiencias pasadas, confiaban en sus emociones pasadas, aunque muchas veces sus creencias y emociones los confundían. Pasado el tiempo, cada uno con su propio método, consiguieron encontrar lo que tanto anhelaban, la Central Quesera C, con el tipo de queso que querían. Sin embargo, un día la Central C se quedó vacía, los ratones se movieron hacia nuevos sitios, mientras los hombrecitos se lamentaban preguntándose: quién se ha llevado mi queso?. Pasaron diversas situaciones y finalmente uno de ellos decide salir a buscar nuevas Centrales de queso, mientras el otro se quedo quejándose de la falta de queso. En su trayectoria, el hombrecito que salió en búsqueda de nuevo queso, fue aprendiendo nuevas cosas, que lo ayudaron a cambiar de actitud y de carácter, fue ganando experiencia para no volver a cometer los mismos errores del pasado, mientras tanto el otro se mantenía solo y frío en la Central C, esperando por su queso.

En el recorrido, el hombrecito fue anotando frases poderosas como:

"tener queso te hace feliz"

"Cuanto más importante es el queso para ti, más deseas aferrarte a él".

 "Si no cambias, te extingues".

"¿Qué harías si no tuvieses miedo

 "Huele el queso a menudo para saber cuándo se está poniendo viejo".

 "Cuando superas tu temor, te sientes libre".

 "Imaginarse disfrutando del queso nuevo antes incluso de encontrarlo conduce hacia él".

"Avanzar en una dirección nueva ayuda a encontrar nuevo queso".

"Cuanto más pronto olvidas el queso viejo, mas pronto encuentras el nuevo queso".

"Las viejas creencias no conducen al nuevo queso".

"Notar enseguida los pequeños cambios ayuda a adaptarse a grandes cambios que están por llegar".

"Adáptate al cambio y cuando llegue el queso nuevo disfrútalo."

RECUERDA: el queso es lo que usted quiera en la vida "felicidad, pareja, amigos, estudiar, trabajo, un viaje, salud o paz mental" Y el laberinto es en donde usted busca lo que quiere.

TE QUIERO INSPIRAR A: que olfatees constantemente aquello que representa el queso en tu vida.

EJERCICIO INSPIRADOR: piensa en algo que desde hace tiempo quieres cambiar y por uno u otro motivo lo has postergado. Ese es tu queso nuevo, así que has un plan de acción para que se manifieste en tu vida.

RESULTADOS EN TU VIDA:

8. LA FELICIDAD.

¿Qué es la felicidad? Todos nos hemos hecho esa pregunta alguna vez porqué todos en algún momento hemos sido felices. La felicidad ha sido definida como: un estado emocional que se produce en la persona cuando cree haber alcanzado una meta deseada.

Desde tiempo antiguos, el tema de la felicidad fue planteada por Grandes filósofos como Platón y Aristóteles. Y en la actualidad se siguen debatiendo este tema... Qué es la felicidad? Y la mayoría da esta respuesta: "la felicidad consiste en encontrar algo que nos satisfaga completamente". Todos buscamos la felicidad. ¿Pero tienes claro, lo que para tí es felicidad?. Existen dentro de nosotros creencias nos llevan a ir por la vida pensando que, si logramos tener más dinero, una casa nueva, un coche o uno mejor, un viaje, la aceptación o admiración de la gente, bajar 5 kg., vernos más jóvenes, tener un cuerpo más fuerte, etc., entonces sí, vamos a ser felices.

Nos es difícil encontrar la felicidad porque la buscamos de 3 maneras diferentes:

• 1 En el lugar inadecuado: fuera de nosotros, cuando en realidad viene de adentro.

• 2 Con una actitud equivocada: esperamos que nos caiga del cielo y que se mantenga indefinidamente, sin que nosotros nos tengamos que esforzar demasiado.

• 3 Vivimos Con un concepto equivocado de felicidad: pensamos que ser felices significa vivir en el éxtasis todo el tiempo y obviamente esto es imposible de lograr.

La alegría es parte de la felicidad, pero ser felices es algo más que estar contentos. A continuación unas frases de lo que significa la felicidad para grandes pensadores, poetas y artistas:

"La felicidad está dentro de tí" Anónimo

"La felicidad es interior, no exterior, por lo tanto no depende de lo que tenemos si no de lo que somos"

"Si quieres vivir una vida feliz, átala a una meta, no a una persona"

"La felicidad es darse cuenta de que NADA es demasiado importante". Antonio Gala.

"La felicidad es sencillamente buena salud y mala memoria". Albert Schweitzer.

"La felicidad no es algo que experimentas; es algo que recuerdas". Oscar Levant.

Con cuál te identificas tú?. Muchos opinan que la felicidad se encuentra en los pequeños detalles, y probablemente tengan razón. Otros mencionan que se sienten felices cuando están disfrutando 100% el momento presente. Para otros, la felicidad viene en forma de bienestar económico o de salud en la familia, o de cosas materiales. Mi opinión es que LA FELICIDAD consiste en disfrutar gratamente de todo lo que tenemos y no esperar a que nos suceda algo extraordinario para poder ser "felices".

TE QUIERO INSPIRAR A: que aprendas a disfrutar los pequeños momentos que te hagan feliz.

EJERCICIO INSPIRADOR: durante un día, vas a enfocarte en disfrutar de pequeñas cosas, como disfrutar tus alimentos, el baño, una caminata. Y observa cuan feliz puedes ser.

RESULTADOS EN TU VIDA:

9. EL AGUA Y LA SALUD EMOCIONAL.

El agua es el elemento más importante para todos los seres vivos porque todas las funciones que se realizan en nuestro organismo

Todas las células de nuestros cuerpos contienen agua, debido a que el agua puede disolver muchas sustancias, ésta propiedad permite a las células usar los nutrientes, minerales y elementos químicos tan valiosos para los procesos biológicos. El agua tiene la habilidad de transportar material todo dentro de nuestros cuerpos.

Y así como la abundancia de agua en ti, genera muchos beneficios, la falta de agua te afecta a nivel salud y emocional.

Masaru Emoto, investigador japonés, hizo el siguiente experimento: tomó unas muestras de agua pura, le tomó fotos con un microscopio a las moléculas de agua, provenientes de distintas fuentes y también fotografió moléculas de agua luego de ser expuestas a distintas palabras y música, y comprobó que el agua forma distintas estructuras. Después tomó agua de un río contaminado e hizo el mismo proceso y notó que mostraban una imagen totalmente desestructurada. Hay un video que muestra imágenes con estructuras hermosas que se formaron la mencionarles las palabras: gracias amor y comprensión y también con una canción de Mozart. Por otra parte, el agua expuesta a la frase "me das asco" mostró estructuras feas y sin forma.

Emoto asegura que "el agua alberga sentimientos, emociones, pensamientos", de ella depende nuestra salud y, tratada de diferentes modos, podría curarnos múltiples dolencias". Según sus conclusiones, el dice que el agua es una partícula inteligente, que tiene conciencia y que se comunica.

Debemos tomar conciencia de cómo nos relacionamos ¿somos capaces de darnos cuenta cómo nuestras conversaciones, pensamientos, ofensas y palabras de amor afectan a nuestro organismo físico y al organismo de quien recibe nuestras palabras, emociones e intenciones?

Las principales emociones en el ser

humano de acuerdo a la escritora Susan Bloch son: miedo, tristeza, rabia, alegría, erotismo y ternura.

Imagina que estás teniendo un día difícil, lleno de miedo o tristeza, cómo crees que estará tu organismo?

Por otro lado, imagina tu día lleno de alegría y ternura, cómo crees que las moléculas de agua dentro de tí reaccionarán?

LO MÁS IMPORTANTE DE ESTE experimento es que debemos tomar conciencia de nuestro cuerpo, ya que nuestras células están compuestas por un gran porcentaje de agua.

Está comprobado que la falta de agua en nuestro cuerpo tiene relación con enfermedades emocionales como la depresión, fatiga crónica, estrés y el insomnio.

TE QUIERO INSPIRAR A: que cada vez que tomes un vaso de agua, le agradezcas a ese maravilloso líquido.

EJERCICIO INSPIRADOR:

Todos los días, cada que tomes un vaso de agua, debes decirle la palabra "gracias" y después lo puedes ingerir, consiente que le hará mayor beneficio a tu cuerpo.

RESULTADOS EN TU VIDA:

10. Muévete de tu zona de confort.

La zona de confort, es el conjunto de todos aquellos lugares físicos o psicológicos en los que nuestra mente se siente segura, cómoda y protegida. Es un espacio donde nos sentimos seguros, detenidos, no cometemos riesgos y sobre todo la dominamos.

Podemos pasarnos la vida en nuestra zona de confort y el número de errores que cometeremos o el riesgo que asumiremos será muy poquito. Te ha pasado esto? Te sientes identificado? Si tu respuesta es sí, déjame decirte que estás anclado en la zona de confort. Estás contento con tus resultados? Si tu respuesta es no....que sigues haciendo ahí? En esa zona donde no pasa nada...lo único que pasa es tu vida.

Y quizás te preguntas: Cómo salir? Cómo me muevo de esa zona? Es tan fácil con solo decirlo? La respuesta es: "No, debes tomar acción".

Afuera de tu zona confort están tus sueños, casa, auto, cuerpo soñado, tus viajes, tu relación maravillosa, lo que siempre has querido estudiar, desarrollar ese talento que tienes.

Tu zona de confort es eso que realizas todos los días, como en las mañanas que te despiertas y te levantas del mismo lado de la cama, luego vas al baño y después te lavas los dientes y esa es tu rutina matutina, entonces debes de cambiar esa rutina. Siempre te despiertas del mismo lado? Y que es lo que haces al despertar? Das gracias o despiertas molesto?.

Qué otra cosa haces en rutina? Desayunar, ir a trabajar, regresar a casa, dormir y de nuevo despertarte del mismo lado de la cama e inicia de nuevo. No te has cansado de todo eso? Cuanto tiempo mas vas a permitir que se pase tu vida, tus sueños, desperdiciar tu talento por seguir en la misma rutina de siempre?

Para este momento ya identificaste cual es tu rutina diaria. Y no hablemos de tu rutina semanal, de lunes a viernes trabajas, el sábado haces lo mismo de siempre y el domingo o es de descanso o es un caos porque ya viene el rutinario lunes. Y qué me dices de las vacaciones? Vas a los mismos sitios año tras año, negándote la posibilidad de encontrar sitios extraordinarios con los que puedas maravillarte. Y así es como ocurre gran parte de tu vida, viviendo en la zona de confort, acepta que las cosas pasen y no tomando responsabilidad por hacer que ocurran de una manera diferente.

No es fácil moverte, pero tampoco es imposible. Quieres la fórmula mágica? Sólo tienes que hacer 4 cosas:

1 Aprende a hacer el ridículo.

2 Enfrenta tus miedos

3 Siéntete cómodo al tomar riesgos

4 Disfrutar lo desconocido

Recuerda que afuera de tu zona confort están tus sueños, casa, auto, cuerpo soñado saludable, tus viajes, tu relación maravillosa, imagínate lo que siempre has querido estudiar, desarrollar ese talento que tienes.

TE QUIERO INSPIRAR A: que tomes acción y salgas de tu zona de confort

EJERCICIO INSPIRADOR:

Vas a hacer algo fuera de tu zona de confort, por ejemplo si no haces ejercicio, un día lo harás, si no comes muchas frutas, durante un día consumirás, y así hasta que salgas de tu zona de confort.

RESULTADOS EN TU VIDA:

11. EL PODER DE LA MUJER.

Las mujeres operando desde el poder de la Feminidad serían mucho más fuertes y mucho más capaces que una mujer que no usa su propio poder.

Muchas mujeres tienen resistencia a este Poder, quizá por traumas, porque no fueron bien relacionadas con los hombres, porque tuvieron padres autoritarios o porque carecieron de la figura paterna y se quieren manifestar en el mundo masculino de una manera errónea, quizá, para poder sentirse más fuertes y poderosas, seguras de si mismas e independientes y autosuficientes. Sin saber que ese poder deben manifestarlo en el mundo femenino.

La mujer en una relación de pareja debe ser apoyo y a la vez ser apoyada. El problema está cuando no entendemos bien esto y se nos da por competir con el hombre y entonces nos sentimos mal, porque nuestras energías y vibraciones pertenecen al Universo de la Feminidad y entonces en vez de aprovecharlo, lo desperdiciamos.

Las mujeres nos inventamos que tenemos tantas cosas que hacer: como desarrollar nuestra carrera, estudios, familia, tener una comunicación efectiva, hablar bien, cómo crear una impresión positiva en nuestros jefes, ser auténticas, manejar correctamente y nos olvidamos de algo muy importante, el arte de ser mujer: "El poder de la mujer".

Por lo que vamos a reconectarnos con este poder a través de afirmaciones:

1- Hoy comienzo a amarme.
2- Apruebo mi presente. Y construyo un camino de victoria
3- Yo soy una mujer exitosa.
4- Hoy soy prosperidad infinita.
5- Todo lo bueno llega a mi vida En abundancia.
6- Emano vibraciones de amor y activo pensamientos positivos.
7- La felicidad y el éxito están en mi vida.

8- Activo el poder de mi feminidad. Vibro con el universo y con mi feminidad.

9- Atraigo hacia mi éxito y riqueza.

10- El poder de atracción está en mis manos.

11- Ahora tengo la llave del dinero y la riqueza.

12- El éxito me pertenece.

13- Disfruto todos los días de lo que me da la vida.

14- Ahora tomo posesión de mi poder para construir prosperidad.

15- Uso mi tiempo adecuadamente.

16-Cada día me gusta más como soy.

17-Me tomo mi tiempo para visualizar metas.

18-Hoy me lanzo a conquistar el mundo.

19- Construyo sentimientos de fe, esperanza y amor.

20- Doy con generosidad lo que recibo.

TE QUIERO INSPIRAR A: que actives tu poder como mujer.

EJERCICIO INSPIRADOR:

Durante toda una semana al despertar, vas a repetir las 20 afirmaciones positivas para reactivar tu poder de mujer.

RESULTADOS EN TU VIDA:

12. COMO DAR UN SALTO CUÁNTICO EN TU VIDA.

Salto cuántico se define como: "el salto explosivo que una partícula de materia al moverse de un lugar a otro, en un sentido figurado, dar un salto cuántico significa tomar un riesgo, entrar en un territorio desconocido sin un mapa que seguir".

Si esta idea de dar un salto cuántico en tu vida te parece interesante, debes comenzar a enfocarte en las posibilidades, en lugar de en las limitaciones y obstáculos. Dar un salto cuántico significa ir más allá de tus límites. Si cambias tu manera de pensar, puedes multiplicar tu potencial. Debes dejar que tus deseos te guíen, en lugar de limitarte por tus preocupaciones o miedos.

Dar un salto cuántico significa ir más allá de los límites de lo probable, de lo obvio. Así es que no limites tus deseos a lo que crees que "puedes tener", y ve tras de lo que "quieres tener". Esto quiere decir que te debes dar permiso de soñar, de arriesgar, de ser libre. No se trata de una pequeña mejoría, eso no sería un salto cuántico. Un salto cuántico produce una mejoría exponencial, un resultado extraordinario. Un salto cuántico es por definición asombroso, no convencional.

Y quizás te preguntas: Cómo puedo lograrlo? Realmente es tan sencillo como se escucha? Qué puedo hacer para tener ese salto cuántico en mi vida?

Y la respuesta es: para lograrlo tienes que renunciar a tus viejas creencias y patrones de pensamiento limitantes. Actúa como si el éxito fuera seguro. Haz lo que harías si supieras que no puedes fracasar, con una convicción total. La duda es lo que hace más daño, así es que no le des lugar en tu mente. Si tienes que dudar de algo, duda de tus límites.

Un salto cuántico es algo para lo que ya estás listo, pero simplemente no te has atrevido a darlo. Tú tienes el potencial, los recursos están disponibles, la oportunidad está ahí, lo que ha estado faltando es tu decisión. Un salto cuántico es algo que no estás dejando que pase. No es algo por lo que tengas que esforzarte, sólo tienes que dejar que suceda.

Cuando des un salto cuántico descubrirás muchas cosas nuevas sobre tí mismo, se trata de una experiencia fascinante de autodescubrimiento, de una metamorfosis. Y SABES CUANDO ES EL MOMENTO PERFECTO PARA DAR EL SALTO CUANTICO, el momento es ahora, así es AHORA. Todo lo que necesitas está dentro de tí. La oportunidad, el momento adecuado, la capacidad para hacerlo, todo está dentro de tí, no en las circunstancias. Te voy a dar 5 pasos para lograrlo. ¡Sólo hazlo!.

5 PASOS PARA TENER UN SALTO CUANTICO EN TU VIDA.
* Tomar agua.
* Hacer ejercicio diario
* Meditar
* Perdonar
* Despejar tu casa y oficina

TE QUIERO INSPIRAR A: que te arriesgues a dar el salto cuántico.

EJERCICIO INSPIRADOR: practica los 5 pasos para dar el salto cuántico durante una semana.

RESULTADOS EN TU VIDA:

13. DESPIERTA A TU NIÑO INTERIOR.

Si algo tenemos que admirar a los niños es su infinita capacidad creativa. Dale un pedazo de madera a un pequeño y en cuestión de minutos lo habrá convertido en un divertido juguete con su infinita imaginación. El trozo de madera no ha cambiado, según tu percepción de adulto, pero para el niño podrá ser un auto, la mercancía de una tienda, una casa, un teléfono, un borrador, la palanca de velocidades de un vehículo... Y observa como los niños son capaces de crear con cualquier objeto.

Cuéntale una historia a un niño y podrá imaginarla en su mente como si estuviera visualizando una película. Su inmensa creatividad lo llevará a crear sin problemas el ambiente en el que se lleva a cabo la historia, cada uno de los personajes, el escenario, los sonidos, los colores, los olores.

Llévalo con un grupo desconocido de niños y a los pocos minutos estará divirtiéndose con ellos como si los hubiera

conocido desde hace mucho tiempo.
El niño es un ser en pleno desarrollo y por
eso sueña, imagina, crea, pregunta,
inventa. Sin embargo, cuando somos
adultos nos olvidamos de todo eso. No lo
crees así? Piensa en lo siguiente: Cuando
fue la última vez que te diste la
oportunidad de soñar despierto?, Y
cuando fue la última vez que jugaste
como niño? O que te mojaste bajo la
lluvia....o corriste sin que nada importara?
Sabes porque eso ocurrió hace mucho?
Porque como adulto nos encargamos de
dormir a nuestro niño interior, en lugar de
despertarlo, de mantenerlo despierto.
Ahora, lo importante es despertarlo y una
manera fácil de hacerlo es: conociendo
nuevos lugares y aprécialos, tal como en
tu infancia, como cuando tus padres te
llevaban a pasear a lugares que
encontrabas fascinantes. Cuáles eran
esos lugares? Qué te gustaba de esos
sitios? Cuáles eran tus emociones casa
que ibas a ese lugar?. Pon en práctica
eso mismo, ve a esos lugares y
emociónate como cuando eras niño.
Te gustaría rescatar a tu niño interior? Si

tu respuesta es si, practica los siguientes 9 actitudes. Para encontrar a ese niño que todos llevamos dentro:

*Sorpréndete
*Ríe sin límites
*Sé curioso.
*Disfruta.
*Sé creativo.
*Pide ayuda cuando la necesitas
*Demuestra tus emociones
*Vive el presente.
*Juega.

Despierta a tu niño interior y encontrarás todas las bondades de esa etapa tan llena de espontaneidad, felicidad y plenitud de la que nunca deberíamos olvidarnos al llegar a la adultez.

TE QUIERO INSPIRAR A: que te conectes con tu niño interior y juegues con el.

EJERCICIO INSPIRADOR: practica un fin de semana las 9 actitudes que los niños manifiestan en todo momento y conecta con tu niño interior.

RESULTADOS EN TU VIDA:

14. LA AMISTAD.

La amistad es una relación afectiva que se puede establecer entre dos o más individuos, a la cual están asociados valores como la lealtad, la solidaridad, la incondicionalidad, el amor, la sinceridad, el compromiso, entre otros, y que se cultiva con el trato constante y el interés recíproco a lo largo del tiempo.

Las amistades, no obstante, tienen diferentes grados de compenetración. Desde los amigos con quienes sentimos relaciones más lejanas, hasta aquellos con quienes el trato es tan estrecho que los consideramos "mejores amigos", otorgándole a la amistad un grado de superioridad sobre las otras.

La amistad no solamente surge con quienes tenemos más afinidades en cuanto a gustos e intereses, o con quienes tenemos más parecido, sino que puede aparecer entre personas muy dispares. De hecho, a veces ese es un factor que fortalece la amistad, pues una buena amistad complementa y enriquece a la persona, no solo en el intercambio de ideas, información y sentimientos, sino también en el hecho de compartir malos momentos de la vida, y sobre todo los momentos mas maravillosos de tu vida..como los cumpleaños, bodas, viajes o cualquier fabulosa aventura que hayas vivido.

La amistad puede surgir entre hombres y mujeres, novios, esposos, familiares con cualquier clase de vínculo, personas de distintas edades, religiones, ideologías, culturas, extracción social, etc. Las amistades, no obstante, tienen diferentes grados de compenetración. Desde los amigos con quienes sentimos relaciones más lejanas, hasta aquellos con quienes el trato es tan estrecho que los consideramos "mejores amigos", otorgándole a la amistad un grado de superioridad sobre las otras.

La Real Academia Española define la amistad como: afecto personal puro y desinteresado, compartido con otra persona, que nace y se fortalece con el trato. Afinidad. Conexión entre 2 personas o más. Cuál es tu definición de amistad?.

¿Cuáles son las características que definen a un buen amigo? ¿Qué rasgos caracterizan la verdadera amistad?

Rasgos que caracterizan a un buen amigo

1. Un buen amigo escucha con empatía y presencia, la capacidad de escuchar con aceptación completa y sin interrupciones.

2. Un buen amigo entiende y respeta el espacio del otro. Cuando un amigo requiere silencio y espacio, el otro lo comprende.

3. Un buen amigo es capaz de guardar secretos y ser honesto, y no comparte nada de la vida del otro.

4. Un buen amigo no habla de otras personas que no están en la sala, sobre todo si se trata de un amigo en común.

5. Un buen amigo apoya los éxitos del otro, por lo que cada que un amigo logra algo, ahí estás para apoyarlo.

TE QUIERO INSPIRAR A: que practiques el valor de la amistad.

EJERCICIO INSPIRADOR: practica los 5

puntos que caracterizan a un buen amigo. Inicia por invitar a salir a un amigo, e inicia los 5 puntos, debes escucharlo, darle su espacio, ser honesto, hablar solo de cosas positivas y apoyarlo en sus éxitos presentes.

RESULTADOS EN TU VIDA:

15. GRATITUD.

La gratitud es la virtud por la cual las personas reconocen EXTERIOR E INTERIORMENTE los dones, bendiciones o regalos recibidos.
Porque digo interior y exteriormente, te lo voy a explicar, exteriormente es cuando dices "gracias" solo con tu boca, interiormente es cuando dices "gracias" con tu corazón.
Un alto porcentaje de personas no están habituadas a agradecer a otras. Agradecer es un gesto muy humano y que habla bien de aquél que lo hace, sin embargo, pocas veces nos percatamos de ello. Por más que suene lógico y hasta habitual, no siempre nos detenemos a retribuir, al menos con algunas palabras, a aquel que se ha comportado bien o nos ha proporcionado un servicio.
La palabra "gracias" muchas veces es algo complicada de pronunciar, quizás por la forma y el carácter que tiene o quizás sea por vergüenza, lo que sí sabemos es que esta palabra por

pequeña y diminuta que sea, hace sentir bien a la persona que la escucha, sin embargo, escucharla con sinceridad le da un significado diferente, de igual manera, decirla con el corazón expuesto, le agrega un valor inigualable.

Agradecer por cada una de que tienes a tu alrededor, tanto materiales, como físicas y espirituales. Para aprender a estar conectado con todas las bondades que se te dan día a día.

Vamos a hacer en recorrido en tu día a día. Como es tu despertar?, despiertas y que es lo primero que dices o piensas? Desayunas, cierto? Y yo te preguntó: Agradeces por tu desayuno? Agradeces tu baño? Agradeces ir al trabajo? Agradeces tu comida? Agradeces regresar a casa, agradeces antes de dormir?.

Ahora quiero que veas tu vida, todas las cosas materiales que posees. Sientes gratitud por tu casa que te da cobijo, tu auto que te permite moverte a todos lados, agradeces tu ropa que te permite estar cubierto del clima, agradeces los zapatos que cubren tus pies al caminar.

Agradeces el vaso, plato, tenedores y cucharas que te facilitan el buen comer. Observa a tu alrededor y empieza a agradecer por todo lo que hay, porque cada cosa a tu alrededor te da un beneficio o te facilita la vida.

Entre más agradecido seas mas bendiciones percibes, porque valoras cada cosa que hay a tu alrededor.
Practica el ser agradecido porque te voy a decir los 5 Beneficios del "Ser agradecido".

1.- Te hace más feliz.
2.- Beneficia a la persona que lo recibe
3.- Fortalece Relaciones.
4.- Desarrolla una actitud positiva.
5.- Te hace consiente del mundo a tu alrededor.

TE QUIERO INSPIRAR A: que cada momento de tu vida lo vivas dando gracias, no solo con la boca, sino con tu corazón.

EJERCICIO INSPIRADOR: durante todo el día y a cada acto que realices dirás la palabra "gracias".

RESULTADOS EN TU VIDA:

16: DESORDEN EN TU VIDA.

¿Sabías que el desorden en tu vida, como el acumulamiento de cosas en el hogar y el desorden en diferentes habitaciones está relacionado al desorden que hay en tu mente?

Así es, la falta de enfoque, caos e inestabilidad puede significar incertidumbre acerca de tus metas, tu identidad o lo que quieres en la vida. El lugar de la casa en el que el desorden o el acumulamiento se encuentran refleja que área es problemática en tu vida. Por ejemplo, una cama sin tender o sin arreglar por las mañanas puede significar que tu vida amorosa ha perdido brillo. En el caso de un clóset o vestidor desordenado, se refleja cómo te encuentras emocionalmente y que una vez que los organices, tus conflictos internos se calmarán. Si el desorden lo tienes en un tu habitación significa que eres una persona que deja las cosas inconclusas y que tienes dificultad para tener una pareja o trabajo estable.

Los seres humanos emitimos mensajes y señales de acuerdo con el acomodo de nuestros objetos personales, incluso en nuestros cajones. La acumulación de objetos es una forma de emitir señales; demasiados objetos emiten la señal de saturación de ideas, proyectos y planes totalmente confusos, muy poco estructurados y definidos.

El desorden altera el camino para obtener nuestras metas. Bloquea las vías de acceso de oportunidades y nos hace perder tiempo, que puede ser valiosísimo para estructurar de manera ordenada y disciplinada nuestro plan de vida. Y principalmente, bloquea nuestra mente.

A continuación una lista del significado del desorden, dependiendo del sitio donde está:

• Si hay desorden amontonados en la entrada de la casa, se interpreta como miedo a relacionarse con otras personas.

• Si hay desorden en la cocina, el mensaje es de resentimiento.

• Si hay desorden en el escritorio o área de trabajo, el mensaje es de frustración, miedo y necesidad de controlar las situaciones.

• Si hay desorden debajo de los muebles, el mensaje es que se le da demasiada importancia a las apariencias.

• Si hay desorden u objetos acumulados en el garaje, hay temor y falta de habilidad para actualizarse.

• Si hay desorden y objetos amontonados por toda la casa, el mensaje es de coraje, enojo, desidia y apatía hacia todos los aspectos de la vida.

• Si hay desorden en pasillos, el mensaje es que se tienen conflictos para comunicarse, miedo a manifestar lo que se desea en la vida.

• Si hay desorden en la sala, el mensaje es de temor al rechazo social.

Y date cuenta como cada espacio representa algo de tu interior, por eso debes de mantener despejados todos los sitios de tu casa.

TE QUIERO INSPIRAR A: que pongas orden a tu vida.

EJERCICIO INSPIRADOR: debes dedicar por lo menos un día a limpiar tu casa, observa la lista "del significado del desorden" y ordena totalmente esa área.

RESULTADOS EN TU VIDA:

17. LAS EMOCIONES Y LOS SENTIMIENTOS DE LOS HOMBRES.

Los hombres también tienen sentimientos, se ríen, se emocionan, se excitan, se desilusionan, se ponen tristes, gritan, se enfadan, todo eso son señales inequívocas de que tienen sentimientos, de que son capaces de sentir emociones como: Alegría, Erotismo, Ternura, Tristeza, Miedo y Rabia. Sin embargo, la mayoría de las veces los hombres son acusados de no tener sentimientos, sobre todo en sus relaciones de pareja.

La prueba más fehaciente de que los hombres también tienen sentimientos nos la da el fútbol o cualquier deporte que a ellos le apasionen. Aquí es donde mejor se aprecia su capacidad de emocionarse. Los hombres gritan, se ponen nerviosos, se emocionan, estallan de alegría, o de rabia y hasta son capaces de darse un abrazo con la persona que tienen al lado si su equipo gana. Los hay que incluso lloran.

Pero la pregunta que muchas mujeres se hacen es: por qué son incapaces de demostrarlos en una relación de pareja? De igual forma nos hemos preguntado por qué pocos hombres saben consolar o por qué no expresan lo que sienten. Dado que uno de los principales problemas de pareja es que los hombres no expresan sus sentimientos y dejan a las mujeres solas con sus reflexiones sobre la relación, con el llanto cuando algo va mal o no se dignan a compartir nuestras alegrías, cabe suponer que los hombres están culturalmente diseñados para ocultar sus sentimientos a su pareja.

Y como te hace sentir esto a ti mujer? Quizás tú te quejes de él? De que no siente, de que no se expresa? Que no sabe como decir palabras bonitas o palabras adecuadas? Porque se ausenta en las conversaciones que hablan de emociones, porque no son capaces de llorar? Y quizás te digas...lo más seguro es que no tiene sentimientos.

Claro que los tiene, solo que los expresan de una forma muy diferentes a nosotras las mujeres. Sus sentimientos de amor, odio, compasión, gratitud, respeto, admiración, confianza, esperanza, orgullo, altruismo, desprecio, celos, pena, duelo, ira, la decepción, la euforia, lo expresan completamente diferente a nosotras. Quizás lo expresan con un silencio, trabajando arduamente, golpeando un objeto, y mil maneras más de expresarlos, solo que nosotras queremos que lo expresen como nosotras las mujeres los expresamos y eso nunca va a ocurrir.

Mujer, debes entender que los hombres:

*Tienen miedos, pero sin tanto permiso para mostrarlos.

* Se abruman por ser el sostén económico de una familia.

*Sienten la necesidad de un abrazo.

*Necesitan silencio como nosotras charla.

*Que demuestran sentimientos como pueden o como aprendieron.

*Piensan y razonan diferente.

TE QUIERO INSPIRAR A: te pongas en compasión con los hombres y reconozcas que tienen sentimientos.

EJERCICIO INSPIRADOR: abraza a todos los hombres de tu vida y menciónales cuanto los amas. No esperes respuesta, ya que ellos demuestran el amor diferente.

RESULTADOS EN TU VIDA:

18. Cambia tú para que pueda cambiar tu mundo

Así es, cambia tú y todo a tu alrededor empezara a girar de una manera extraordinaria. Empieza por cambiar tu interior, ver tus maneras de ser, tus sentimientos, tus emociones. Y he aquí unas preguntas que quizás te has hecho: Y para que debo cambiar? Qué es lo que debo hacer cambiar? En que me va a beneficiar?

Y las respuestas se encierran en una sola frase "porque lo mereces", sí, mereces vivir una vida diferente, una vida extraordinaria, mágica y llena de nuevas cosas y oportunidades!

¿Por qué cambiar nos atemoriza tanto? La respuesta es sencilla: porque implica salir de nuestra Zona de Confort y de Seguridad, dejando atrás la imagen que tenemos de nosotros mismos, así como nuestras creencias y valores de toda la vida; es decir, nuestra vieja y querida forma de ser, la cual, aunque limite nuestras posibilidades y frustre muchas de las oportunidades para mejorar que tenemos a nuestro alcance, es la única que hemos conocido hasta ahora.

El cambio es inevitable y representa un gran desafío, pues vamos a penetrar en nuestra propia oscuridad, como en una profunda mina de carbón, para salir por el otro lado con un diamante en nuestras manos: El Don que nos hace únicos, con el cual podemos transformar nuestra vida.

Sin embargo ¡el cambio es algo doloroso! Especialmente para el Ego, estrechamente vinculado a la mente analítica y racional, y tan necesitado de mantenerlo todo bajo control, y esta parte de nosotros se resiste con fuerza a morir.

Hace más de dos mil años, el Buda nos enseñó que no es el cambio en sí lo que nos produce dolor, sino nuestra propia resistencia al cambio.

Para cambiar, requieres liberarte de la vieja piel para que pueda salir la nueva, requieres moverte de espacio, no aferrarte a nada, porque corres el riesgo de quedarte ahí.

Te voy a explicar una manera en que puedes sentir tu resistencia al cambio con el siguiente ejercicio.

Imagina la ropa que usas, cierra tus ojos y cámbiala en tu mente. Qué sentiste? Cuál fue tu emoción al verte con ropa completamente diferente? Si te dio alegría, tu ser esta abierto al cambio. Si te dio temor o incomodidad, tu mente se resiste al cambio.

Trae a tu mente el auto que tienes y cámbialo en tu mente.

Ahora trae a tu mente tu trabajo y cámbialo.

Trae a tu mente la ciudad donde vives y cierra tus ojos y obsérvate viviendo en otra ciudad.

Si todas las situaciones anteriores te dieron miedo, estás ante una gran resistencia al cambio, sino fue así, felicidades, estás listo para dar ese gran cambio a tu vida.

TE QUIERO INSPIRAR A: que no te quedes, te aferres, te detengas a lo mismo.

EJERCICIO INSPIRADOR: realiza el ejercicio mental de resistencia al cambio, cada vez que desees cambiar algo, visualízalo en tu mente y observa tu emoción.

RESULTADOS EN TU VIDA:

19. EL PODER DE LAS AFIRMACIONES POSITIVAS.

Cada pensamiento o frase que pronunciamos es una afirmación. Sin embargo, las afirmaciones pueden ser positivas o negativas. Cuando dices "no quiero esto en mi vida" está haciendo una afirmación negativa, por otro lado cuando dices "deseo que mi salud sea perfecta" esa es una afirmación positiva.

Las afirmaciones positivas son una fuente inmensa de poder personal, mediante ellas podemos cambiar y mejorar cualquier área de nuestra vida y por ende, los resultados que obtenemos.
Por eso es muy importante escuchar y detectar las conversaciones que sostenemos con nosotros mismos, nuestro diálogo interno, y poner atención si tu conversación interna para con tu ser es una lista de afirmaciones positivas o negativas. Debemos aprender a reprogramar nuestra mente, aprender a

pensar y hablar de forma positiva para vencer el hábito arraigado de la negatividad, dado que este hábito se debe a nuestras creencias, son patrones habituales de pensamientos aprendidos durante nuestra niñez. Y aunque muchas nos benefician, otras creencias pueden limitar lo que realmente queremos en la vida.

Las afirmaciones positivas son empoderantes y no solo te harán sentir mejor contigo mismo, si no que en tu vida se verán resultados extraordinarios. Haz siempre las afirmaciones en "presente". Es importante crearlas como si ya existieran. En lugar de decir "conseguiré un empleo maravilloso", di: "tengo un empleo nuevo maravilloso". Todo se crea primero en el plano mental, antes que pueda manifestarse como una realidad objetiva.

El practicar afirmaciones positivas te da los siguientes beneficios:
*Sentirte en paz
*Vibrar en energía positiva
*Reprograman tu mente

Te voy a dar algunos ejemplos de afirmaciones positivas, para que vibres en el positivismo y las pongas en práctica:

"Toda la sabiduría está en mi interior"

"Me siento radiante y estoy lleno de luz y amor"

"Mi vida se desarrolla con una perfección total"

"Soy el dueño de mi vida"

"Me siento pleno y completo"

"Amo amar y ser amado"

"Me amo y me acepto"

"Atraigo hacia mi y hacia mi vida relaciones amorosas"

"Mi relación con _____ es cada vez más feliz"

"Acepto en amor las cosas que ocurren en mi vida"

TE QUIERO INSPIRAR A: practiques las afirmaciones y reprogrames tu mente.

EJERCICIO INSPIRADOR: por las mañanas al despertar, dedica 5 minutos a hacer afirmaciones positivas. Puedes leerlas y expresarlas en silencio, en voz alta, escribiéndolas o incluso cantadas o recitadas.

RESULTADOS EN TU VIDA:

20. LAS HORMONAS DE LA FELICIDAD

Nuestro cuerpo es capaz de producir una serie de hormonas, tres de las cuales son responsables del placer sexual y la motivación (dopamina), cambios de humor (serotonina) y producir felicidad (endorfina). Una forma rápida de producir estas hormonas es activando la sexualidad o/y visualizaciones placenteras, como paisajes o situaciones personales de éxito, bienestar y satisfacción. Revisaremos cada una de ellas:

*Dopamina (placer sexual y motivación). Es un neurotransmisor directamente relacionado con la estabilidad emocional. La recepción dificultosa de esta sustancia origina una larga lista de enfermedades relacionadas con el desequilibrio emocional y, por tanto, con la falta de una vivencia de bienestar. Se relaciona con las funciones motrices, las emociones y los sentimientos de placer.
*Serotonina (cambio de humor).

La serotonina es la "hormona del humor". Recientes investigaciones permiten avanzar en la cura de enfermedades como la depresión y la psicosis. En el sistema nervioso representa un papel importante en la inhibición de: la ira, agresión, temperatura corporal, presión y humor. Justamente los antidepresivos se ocupan de modificar los niveles de serotonina en el individuo.

*Endorfina (sensaciones de felicidad).
Las endorfinas se liberan a través de la medula espinal y del torrente sanguíneo y puede ser hasta 20 veces más potentes que los medicamentos contra el dolor que se venden en las farmacias. Las actividades como escuchar música, bailar, hacerse un baño, caminar, quedar con los amigos, etc. hacen aumentar los niveles de endorfinas en sangre. La Mente del Cuerpo produce como mínimo 20 tipos diferentes de endorfinas. Cada endorfina tiene funciones esenciales para la salud.

De manera general la activación de estos 3 tipos de hormonas trae beneficios a nuestro organismo.
*Promueven la calma
*Crean un estado de bienestar
*Mejoran el humor
*Reducen el dolor
*Retrasan el proceso de envejecimiento
*Potencian las funciones del sistema inmunitario
*Reducen la presión sanguínea

Recuerda que la próxima vez que te pregunten: porque tan feliz? porque te ries de todo? Tu simplemente contesta: "no soy yo... son mis hormonas".
Deseo que tengas un día loco de felicidad, un día lleno de desordenes hormonales positivos que conlleven a que seas muy feliz, para que disfrutes las cosas maravillosas que llegan a tu vida!

TE QUIERO INSPIRAR A: que actives tus hormonas de felicidad.

EJERCICIO INSPIRADOR: baila 20 minutos al día sin parar y te darás cuenta como se activan estas hormonas.

RESULTADOS EN TU VIDA:

21. TRABAJO EN EQUIPO

Los grandes triunfos no los consigue un solo jugador; sino un equipo. Ya lo decía Michael Jordan: "El talento gana partidos, pero la inteligencia y el trabajo en equipo ganan campeonatos". Y la frase de este gran basquetbolista es completamente cierta.

¿En tu empresa trabajan en equipo? ¿Confías en tus colaboradores y empleados para lograr las metas? ¿Todos están en la misma página y trabajan por un mismo objetivo?
Si aún no adoptas una verdadera cultura de colaboración, te voy a dar unos puntos para que te decidas a hacerlo hoy mismo y empieces a ver el porqué es importante trabajar en equipo:

1. Porque se complementan las habilidades y los talentos. Cuando tienes un equipo de trabajo diverso y bien enfocado, se pueden disminuir las debilidades y potenciar las fortalezas.

2. Porque se completan más rápido las tareas. Si todos trabajan en un mismo proyecto, apoyándose mutuamente, el tiempo invertido en una tarea es mucho menor. El trabajo en equipo es clave para la productividad en una empresa.

3. Porque confías y te vuelves confiable. La confianza es el ingrediente básico del trabajo en equipo. Si confías en tu personal y ellos en ti, es mucho más fácil alcanzar las metas.

4. Porque aumenta el sentido de pertenencia. Si una persona se siente parte de un equipo, es más probable que sea leal a la empresa.

5. Porque es gratificante para todos. Estos sentimientos compartidos son imprescindibles para que una persona se sienta feliz profesional y personalmente.

6. Porque no estarás solo. Cuando tienes un equipo en el que confías puedes compartir con ellos tus ideas, alegrías y tristezas.

7. Porque únicamente así se alcanzan las metas. Muchas cosas no las podrías lograr si no tuvieras el apoyo de un equipo.

8. Porque de esa manera aprendes más de ti. El trabajo en equipo ofrece un importante aprendizaje individual.

9. Porque puedes resolver mejor los conflictos y encontrar nuevas ideas. "Dos cabezas piensan mejor que una"... ¿y cómo pensarán 5, 10 ó 15?

10. Porque es mucho más divertido. Procura que en tu equipo haya buena comunicación y ayudará a hacer más fácil y disfrutable cada proyecto.

Aprender a trabajar en equipo te da múltiples beneficios tanto a nivel empresarial como personal. Así que disfruta el ser una persona que sabe conectar con otros.

TE QUIERO INSPIRAR A: que aprendas a trabajar en equipo

EJERCICIO INSPIRADOR: busca una actividad donde puedas crear un equipo, puede ser de tu deporte favorito o tomar alguna clase.

RESULTADOS EN TU VIDA:

22. HAS SIDO ÁNGEL TERRENAL EN LA VIDA DE UN SER HUMANO?

Los ángeles actúan como mensajeros, criaturas de gran pureza destinadas en muchos casos a la protección de los seres humanos. Dadores de amor y paz a los seres humanos.

Tú has sido el ángel en la vida de un ser humano? Has sido mensajero de algo positivo. Has dado protección? Has entregado amor sin esperar nada a cambio? Has invadido de paz a otro ser humano? Si cualquiera de estas respuestas han sido afirmativas, tú has sido un ángel terrenal en la vida de otro ser humano.

Todo el mundo necesita un ángel para ayudarles a atravesar los momentos difíciles y para hacerles saber que hay alguien que se preocupa por ellos. No hace falta que tengas alas y un halo para ser el ángel de la guarda de alguien. Sólo necesitas querer a una persona y preocuparte de ella, incluso si es alguien que no conoces realmente. Intenta ser el ángel de la guarda de alguien.

Como ser un ángel en la vida de otro ser humano:

1. Sé un ángel de verdad. Simplemente sé alguien que cuida de otra persona y que le ayuda sin importar lo que te suponga. Se trata de preocuparse de otra persona porque esa persona te importa y porque necesita ayuda.

2. Piensa en cómo se identifican un ángel guardián y cómo puedes transferirlo a tus habilidades. Se trata de alguien que sacrifica su tiempo, energías y recursos para ayudar a alguien.

3. Piensa en cómo puedes hacer cosas por alguien más que pueda beneficiarle y ayudarle a encaminar su vida. ¿Cómo puedes estar ahí para esta persona que has elegido cuidar? ¿Cómo puedes mostrar que siempre cuidarás de ella incluso si no la conoces demasiado?

4. Sé su apoyo. Cuando esta persona esté triste, enfadada o frustrada, tienes que estar ahí para ella y no juzgarla. Simplemente señala lo que es bueno

sobre ellos y ayúdales a descubrir por sí mismos el camino para superar las situaciones difíciles. Cuando esta persona esté triste, déjala llorar y no la apartes de tí. Cuando esta persona pierda la esperanza, asegúrale que todo irá bien, eso les ayudará a seguir adelante a pesar de lo duras que parezcan las cosas.

5 Una buena acción alegra el día de una persona y ello se reflejará en otras personas a través de tu buena acción. De hecho, nunca podrás saber todo el bien que has traspasado a otra persona con tu bondad, pero ten por seguro que tiene un efecto dominó.

Una pequeña sonrisa, sostener una puerta, una palabra amable a alguien que parece triste... todas estas cosas pueden marcar una enorme diferencia más allá de lo que puedas imaginar. Así que, nunca dejes de mostrarle a alguien que te preocupas por ella.

TE QUIERO INSPIRAR A: que seas el ángel terrenal de alguien.

EJERCICIO INSPIRADOR: escoge un ser humano a quien quieras ayudar, puede ser a través de dinero, ayudarle en alguna actividad o darle palabras de aliento.

RESULTADOS EN TU VIDA:

23. TÚ PUEDES SANAR TU VIDA.

De acuerdo a Louise Hay, autora del libro "Tu puedes sanar tu vida" hay diferentes problemas, situaciones y enfermedades en general que tienen relación con nuestro estado emocional. Te daré una lista de las más comunes y su posible causa, así como el nuevo patrón de pensamiento que debes tener para poder sanar.

ACCIDENTES. Incapacidad de hacerse valer. Nuevo pensamiento: "estoy en paz. Soy digno y valioso".

ADICCIONES. Huida de uno mismo. Miedo. No saber amarse. Nuevo pensamiento: "decido amarme y disfrutar de mí mismo".

ALCOHOLISMO. Culpa y rechazo. Nuevo pensamiento: "vivo en el presente. Me amo y me apruebo.

ALERGIAS. Negación del propio poder. Nuevo pensamiento: "estoy a salvo. Estoy en paz con la vida".

BULIMIA. Terror desesperado. Odio a uno

mismo. Nuevo pensamiento: "La vida me ama, me nutre y me apoya"

CANCER. Rencor que se mantiene mucho tiempo. Nuevo pensamiento: "Con amor perdono y libero todo el pasado".

TUMORES. Negarse a cambiar. Nuevo pensamiento: "Toda la vida es cambio y mi mente es siempre nueva".

SANGRE. Falta de alegría. Miedo a la vida. Nuevo pensamiento: "Experimento alegría en todos los ámbitos de mi vida"

PIES. Temor al futuro y a no poder avanzar en la vida. Nuevo pensamiento: "Avanzo en la vida con alegría y facilidad".

PROBLEMAS RESPIRATORIOS. Temor. Nuevo pensamiento: "El mundo es seguro".

COLICOS. Deseos de no ser mujer. No gustarse. Nuevo pensamiento: "Soy una hermosa".

ESPALDA: Miedos. Nuevo pensamiento: "Libero todos los miedos y confío en el proceso de la vida".

DIENTES: Opiniones rígidas. Mentalidad cerrada. Nuevo pensamiento: "recibo de buen grado las ideas nuevas".

Hay muchas emociones que conllevan a

que nuestro cuerpo físico se enferme, por eso es importante mantener emociones positivas. Te comparto una lista de afirmaciones para la salud en general.

Afirmaciones para la salud:

*Hoy es un nuevo día. En este nuevo momento, comienzo a verme de forma sana.

*Merezco la alegría y la felicidad.

*Los juicios se desvanecen, y a medida que desaparecen me hago más libre para apreciar todo lo que soy.

*Merezco muchas cosas más que todo eso: merezco todo lo bueno.

*Estoy en el sendero de la sanación.

*Hoy comienzo mi viaje de curación.

*Soy uno con el poder de sanación.

*Estoy seguro y a salvo.

*Todo está bien en mi mundo.

*Merezco una vida sana.

*En mi vida, ocurren cosas maravillosas

*Merezco el amor, abundante amor.

TE QUIERO INSPIRAR A: que practiques cambiar tus patrones de pensamiento.

EJERCICIO INSPIRADOR: practica las afirmaciones para la salud en general. Repite el nuevo pensamiento si tienes una enfermedad en particular.

RESULTADOS EN TU VIDA:

24. AMOR DE HERMANOS.

Qué es el Amor de hermanos? La mayoría de nosotros sabemos los tipos de amor que existen. Los hay entre esposos, novios, amigos y hasta prohibidos. Pero olvidamos uno de los amores más grandes y verdaderos que pueden existir: El amor entre hermanos.

Si naciste entre muchos o pocos hermanos sabes de lo que hablo. Hay tantas razones por las que tener un "amigo de sangre" es una de las más grandes bendiciones que la vida te pueda dar.

Cosas que solo vives con tus hermanos:

1. Cómplices de travesuras. ¿Recuerdas cuando tú y tu hermano se divertían haciendo diabluras? Todos pasamos por eso y era muy divertido escapar de los adultos. La complicidad de protección que uno le brindaba al otro en caso de ser castigado. Y aun de adultos siguen siendo cómplices de buenos momentos.

2. El hermano mayor. Se dice que las personas que conviven con hermanos tienden a ser más capaces para resolver problemas. Si fuiste el hermano mayor o te dejaban a cargo a tus hermanos por ser la más responsable, eso te hizo más hábil para resolver crisis hoy en día.

3. Amor sincero. Podrás enojarte, pelearte e incluso no hablarle a tus hermanos, pero jamás dejarán de quererse. A veces los padres terminan confundidos cuando ven que sus hijos pelean y a los cinco minutos ya están como si nada. Esto pasa cuando el amor es más grande que estar molestos.

4. Chistes locales. Sólo ellos entienden tu humor ya que por lo regular cuando bromeas con alguien más no te entiende, y tienes que explicarle para que se ría o simplemente no le hace gracia. Con tus hermanos puedes pasar horas hablando con palabras que sólo ustedes entienden, lo cual es divertidísimo.

5 El compartir. Una de las ventajas de tener hermanos es que pueden facilitarse las cosas, y así no tienes que comprar algo que tu hermano pueda prestarte.

Eso sí, debes cuidar lo que te prestó como tu vida si no quieres que te persiga por toda la casa.

6 Siempre estarán ahí. Puede que tengan caminos muy diferentes o vivan en ciudades diferentes, pero sin duda un hermano siempre estará ahí. Saben que si uno necesita ayuda el otro estará ahí para escucharlo y apoyarlo como toda la vida lo han hecho.

Disfruta el tener hermanos. Si se llegan a molestar no duren tanto tiempo así, recuerda que de niños no se tomaban las cosas tan apecho. Si hace mucho que no ves a un hermano porque vive lejos o simplemente sus horarios no coinciden, trata de mantenerte en contacto con él, hoy en día hay tantos medios. Un mensajito nos hace recordar que no es la sangre lo que nos hace hermanos sino el corazón.

TE QUIERO INSPIRAR A: que mantengas la unión con tus hermanos.

EJERCICIO INSPIRADOR: busca un tiempo para platicar o llamar a cada uno de tus hermanos. Y en la llamada o charla solo exprésale el amor que sientes por él.

RESULTADOS EN TU VIDA:

25. CREA VISIÓN Y METAS EN TU VIDA.

La Visión te da un estilo de vida, es como tú quieres ser, como te ves en un futuro. Para lograr una visión, requieres ponerte metas. Las metas es el proceso de determinar con exactitud lo que deseas para luego hacer un plan detallado y por escrito para llevarte del lugar en el que te encuentres, al lugar a donde quieres ir.

Para hacer tu visión, requieres escribir en un diario tus sueños, mantener conversaciones profundas contigo mismo, hacer visualizaciones y plasmarlos todo esto en un dibujo claro y preciso, son algunas actividades que contribuyen a poner en claro lo que se quiere y así diseñar la visión personal. Lo importante es que las respuestas vengan de adentro de la persona y no del afuera.

Cuáles son los beneficios de tener una visión? Es tener hacia dónde dirigirse sin dudar. Enfocar toda tu energía en lo que realmente deseas en tu vida. Te producirá una gran tranquilidad espiritual.

Tener metas te ayuda a conseguir lo que

quieres. Al igual que un capitán o un piloto fija su rumbo antes de emprender su viaje, también debe de determinar cuáles serán sus escalas durante el viaje y estar constantemente monitoreando su progreso, especialmente si el viaje es largo para evitar desviarse. Nosotros debemos de tomar el mismo cuidado al fijar el rumbo de nuestra vida. Debemos de conocer nuestro destino final y establecer un plan para llegar a lograr eso que tanto deseamos. Con un plan el camino que recorrerás será más fácil y llegarás a tu destino más rápido.

Te voy a dejar una preguntas claves para que empieces a declarar tu visión.

*Qué tipo de cosas harás?

*Que se requiere de ti para hacer tus metas una realidad?

*Cuales son mis conversaciones internas?

Te mostraré algunos ejemplos de visión y metas específicas por áreas de vida:

Área de salud.

Tu visión puede ser: soy una persona saludable y con un peso adecuado a mi estatura. Entonces tus metas son: hacer ejercicio, comer alimentos sanos, ingerir vitaminas, descansar.

Área espiritual.
Tu visión puede ser: soy una persona conectada con mi ser. Tus metas serán: leer libros relacionados con la espiritualidad, practicar yoga, meditar, hacer algunos ejercicios físicos.

Área de finanzas.
Tu visión puede ser: soy una persona que lleva sus finanzas en orden. Tus metas serán: ahorrar en un banco. Comprar solo lo necesario. Disminuir gastos.

Como puedes darte cuenta es importante tener una visión en las diferentes áreas de la vida para lograr metas contundentes y poder ver los cambios.

TE QUIERO INSPIRAR A: que hagas tu visión y que declares metas poderosas.

EJERCICIO INSPIRADOR: escribe en una hoja como quieres tu vida en las diferentes áreas y empieza a escribir metas especificas, después ponle acción para que se hagan realidad.

RESULTADOS EN TU VIDA:

26. ABRE LAS VENTANAS AL AMOR.

Muchas personas viven una vida sin amor. No pueden amarse a sí mismas, y por lo tanto, no pueden amar a nadie más. Algunos incluso creen que no merecen el amor. La triste realidad es que sin amor, no importa lo que tengas en la vida, no es suficiente. Tenemos que amar incondicionalmente con el fin de vivir plenamente.

Aquí me refiero al amor incondicional universal y el respeto por la vida; la tuya y la de los demás. Todos somos capaces de este tipo de amor. De hecho, si somos capaces de despojarnos de todas nuestras emociones negativas, el condicionamiento y el ego, lo que queda es el amor puro e incondicional. Eso es quien y lo que somos bajo las capas de impureza que hemos acumulado. El problema es que hemos olvidado cómo amar. Tenemos que aprender a abrir nuestro corazón para amar de nuevo.

Hay cuatro pasos para abrirle nuestro corazón al amor:

1. Aceptación. En primer lugar, tenemos que aceptar que somos capaces de amar: amor incondicional puro y desinteresado. Tenemos que aceptar la necesidad de expresar esta forma de amor en nuestra vida para vivir plenamente.

2. Perdón. Luego, tenemos que aprender a perdonar; a nosotros mismos y a los demás, especialmente a aquellos que nos han herido en el pasado. Aprender a perdonar no es una opción. Se trata de un necesidad. Tenemos que perdonar para sanarnos a nosotros mismos e integrarnos de nuevo como un todo. Si no podemos perdonar, no podemos seguir adelante. Perdonar no significa olvidar. Significa que estamos dispuestos a dejar ir el pasado y a darnos la libertad de empezar de nuevo sin abrumarnos con las viejas heridas. Errar es humano — Perdonar es divino.

3. Expresión. Nuestra vida es una expresión de todas nuestras impresiones mentales y emocionales. Todas estas impresiones se manifiestan exteriormente en nuestra vida, tarde o temprano. Cuanto antes las expreses, más liberado te sentirás. Guardadas en el interior, las impresiones negativas pueden convertirse en algo potencialmente más perjudicial y maligno.

4. Acciones. Se refiere a actos reales de bondad en nuestras vidas. Como todos los hábitos, necesitamos integrar este principio en nuestra vida diaria con el fin de que se convierta en una parte de nosotros.

Es importante que le abras las ventanas al amor, aceptes que eres un ser valioso, perdones a todos, principalmente a ti mismo, expreses tus emociones y hagas acciones en amor puro e incondicional. Para que puedas conectar de nuevo con tu divinidad y el amor universal.

TE QUIERO INSPIRAR A: que hagas un acto de bondad por algún ser humano.

EJERCICIO INSPIRADOR: Escribir un hoja que te hace sentir amado, comparte con algún amigo y pregúntale a el "qué te hace sentir amado?".

RESULTADOS EN TU VIDA:

27. ABRAZAR LA VIDA.

Aquellas personas que se alimentan de excusas y que se lo atribuyen a otras personas, no prestan atención a lo que son capaces de lograr con tan sólo cambiar esa conducta. Construyen una serie de razones, causas y consideraciones con las que se auto engañan. Son las típicas personas ancladas en la ineficiencia, la falta de compromiso por culpa de esto o de aquello. Pero porqué lo hacen? Porque no aman su vida.

Para las personas es más fácil culpar a los demás y no tener que asumir la responsabilidad de un problema o de tener que solucionarlo. Todo el mundo se equivoca, pero si uno no afronta los problemas y trata de solucionarlos, entonces no damos espacio para el crecimiento personal y de aprender de nuestros errores. Al hacer esto, dejamos los problemas a un lado y dejamos que crezcan, y crezcan hasta que inevitablemente llegará el día que se sentirán agobiados por un problema que había sido minúsculo pero fue creciendo con el tiempo, porque?, por el hecho de no amar su vida.

Esta conducta de responsabilizar a otros por cualquier circunstancia de lo que sucede crea siempre consecuencias negativas que tienen que ver con la imagen que reflejan hacia las demás personas. Es decir, son consideradas poco honestas, injustas y carentes de integridad y sinceridad.

En La Montaña Rusa que llamamos Vida, lo único constante en nuestras vidas es el cambio. Pero, si logramos darle buena cara a todos los cambios que pasan en nuestras vidas, poco a poco podremos tener la actitud correcta hacia ellos y lograremos ser mejores personas cada día, pero tanto cambio te provoca malestar o enfado, lo que debes hacer es abrazar estos cambios, es decir aceptarlos.

Cuando amas algo, generalmente lo abrazas, cierto? Entonces, porque no empiezas por abrazarte a ti mismo.

Beneficios de abrazar a otras personas y a la vida misma:

*Aumenta los niveles de oxitocina, hormona responsable de sentirnos alegres.
*Nos permite ser más pacientes
*Es un remedio perfecto contra el stress y la ansiedad
*Fortalece la autoestima
*Libera dopamina...hormona del buen humor y la motivación
*Comunica muchas emociones sin decir una sola palabra
*Le da balance al sistema inmunológico
*Es la mejor manera de demostrarle a otro ser humano que lo amas.

Abraza la vida y vive tus sueños! Abraza y disfruta de esta maravillosa aventura! Abraza fuertemente a tu Ser, sólo TÚ eres dueño de TÚ Vida!

TE QUIERO INSPIRAR A: que mañana decidas abrazar a la vida y a los seres que hay a tu alrededor!

EJERCICIO INSPIRADOR: solo por el día de hoy abraza a todos los seres humanos que te encuentres en el camino y benefíciate del poder del abrazo.

RESULTADOS EN TU VIDA:

28. EQUILIBRA TU MENTE, TU CUERPO Y TU ESPÍRITU

Conecta estos 3 cuerpos para vivir en armonía y plenitud espiritual.

Una de las maneras más efectivas de elevar la vibración y energía de tu ser, es, sin duda alguna, equilibrar los 3 elementos más importantes y de los cuales formamos parte: mente, cuerpo y espíritu. Equilibrar significa "hacer que algo no exceda ni supere a otra cosa, manteniéndolas proporcionalmente iguales" por lo que al equilibrar tu mente, cuerpo y espíritu tendrás una vida en armonía. Así que debemos empezar a nutrir a estas 3 partes con lo que cada una requiera, el hacerlo, te llevará a conectar con tu verdadero ser, con tus deseos y con tu propósito de vida.

Nutrir tu mente, cuerpo y espíritu.

Nutrir la mente, se refiere a utilizar pensamientos positivos, leer cosas que te mantengan en una frecuencia de positivismo, escuchar música con mensajes de amor y paz, aprender cosas nuevas y todo aquello que permita que tu mente esté despierta.

Nutrir tu cuerpo, va más allá de ingerir alimentos nutritivos, debemos de cambiar de hábitos y aumentar el consumo de frutas y verduras, así como eliminar poco a poco los alimentos que son nocivos para el cuerpo. Practicar cualquier deporte será un buen inicio para equilibrar nuestras energías. Si además el ejercicio y el deporte va acompañado de diversión o distracción, será fabuloso. La alegría y el hecho de disfrutar del deporte es algo muy recomendable para todos y es el secreto de la Espiritualidad.

Nutrir tu espíritu te otorgará la conexión directa con algo superior, la luz, Dios, el universo o como tu desees llamarle. Lo puedes hacer a través de la meditación y respiración, existen diferentes ejercicios respiratorios que te permitirán conectar con la paz interior y la tranquilidad de tu ser.

Y para mantener la armonía también debes eliminar todo lo negativo de tu vida y la naturaleza tiene la capacidad de transmutar toda la negatividad, así que cuando tengas oportunidad conéctate con ella, camina descalzo sobre el pasto o la tierra, abraza un árbol, ve a un lago y báñate, respira aire puro en medio de los árboles, admira un paisaje natural y toma baños de sol.

Si deseas alcanzar la plenitud espiritual debes mantener equilibrados los 3 cuerpos que hacen posible nuestra evolución: la mente, el cuerpo y el espíritu.

Te dejo unos tips para que aprendas a conectar tu mente, cuerpo y espíritu.

*Camina descalzo sobre el pasto o la tierra,

* Abraza un árbol,

* Respira aire puro en medio de los árboles,

* Admira un paisaje natural

* Toma baños de sol.

Y siente como tu mente, cuerpo y espíritu se equilibran.

TE QUIERO INSPIRAR A: que equilibres tu cuerpo, mente y espíritu.

EJERCICIO INSPIRADOR: practica un s tip una vez al día para conectar tu mente, cuerpo y espíritu.

RESULTADOS EN TU VIDA:

29. ¿CÓMO SERÍA TU ÚLTIMO DÍA?

¿Cómo sería tu último día? ... alguna vez te has preguntado eso? Si te dijeran que te quedan solo 24 horas, ¿Qué es lo que harías? Vivimos pensando que la vida es muy larga. Sabemos que tenemos fin, pero es algo que vemos muy lejano. Difícilmente nos planteamos que nuestra presencia en este mundo es limitada, y que no tendremos toda la eternidad para hacer lo que nos proponemos.

Steve Jobs en una de sus frases mencionó que percibimos que si desarrollamos nuestra vida teniendo en cuenta el concepto de la muerte, empezaremos a percibir el carácter limitado de nuestro tiempo. En consecuencia, hacer una cosa o no hacerla será importante, pues puede ser que el mañana no exista. Si consideramos que el día de hoy puede ser nuestro último día, tomar una decisión o no tomarla es importante. Te has planteado en alguna ocasión qué harías HOY si supieses que es TU ÚLTIMO DÍA DE

VIDA?

Imagina que descubres que mañana ya no estarás aquí. ¿Qué intentarías hacer hoy?, ¿Qué objetivo te propondrías alcanzar?, ¿De qué te sientes satisfecho? ¿Con quién querrías compartir el día de hoy?, ¿Cuál sería el mensaje más importante que te gustaría transmitir hoy a los que te rodean?, ¿Cómo te gustaría que te recordasen tus seres queridos a partir de mañana?, ¿Qué te gustaría que dijesen de ti?. Descubre cuáles son tus verdaderos valores y tus objetivos importantes. ¿Te imaginas haber vivido tu vida intensamente según los valores por los que te gustaría ser recordado?

Cuando hayas concluido tu análisis, piensa en las cosas que hiciste ayer. ¿Viviste el día de ayer según los valores que acabas de destacar? ¿Desarrollaste alguna de las tareas importantes que acabas de escribir en tu lista? ¿No? Quizá te acabas de dar cuenta que ayer, no tuviste en cuenta tus valores, y/o que tus acciones no estuvieron enfocadas en las cuestiones que si te importan.

Por lo tanto disfruta la vida de la siguiente manera:
*Vive cada día como si fuera el último.
*Aprovecha al máximo cada hora, cada día y cada época de la vida.
*Ten valor para ser diferente y seguir Tú propia estrella.
*No tengas miedo de ser Feliz.
*Goza de lo bello.
*Ama con toda el alma y el corazón.
*Cree que aman aquellas personas que Tú amas.
*Olvídate de lo que hayas hecho por tus amigos y recuerda, lo que ellos han hecho por ti.
* Cuando te enfrentes a una decisión, tómala tan sabiamente como te sea posible. Luego olvídala.
*El momento de la certeza absoluta nunca llega.
*Actúa como si todo dependiera de ti, y reza como si todo dependiera de Dios.
*Vive Cada Día Como Si Fuera El Último

TE QUIERO INSPIRAR A: que vivas con intensidad tus últimas 24 horas.

EJERCICIO INSPIRADOR: imagina que solo te quedan 24 horas de vida, entonces visualiza que es lo que harías en ese tiempo, y simplemente hazlo.

RESULTADOS EN TU VIDA:

30. CONECTA CON TU ESPIRITUALIDAD.

La espiritualidad muchas veces es confundida o relacionada con religión. Mucha personas han adquirido la errada creencia que ser espiritual es algo que sólo algunas personas han recibido como un don especial o lo poseen sólo aquellas personas que dedican su vida a la santidad como por ejemplo la Madre Teresa de Calcuta, El Papa, el Dalai Lama entre otros líderes religiosos.

La verdad es que mucha gente no tiene claro o no sabe que es ser espiritual y eso crea confusión y en algunos casos miedo. Cada ser vivo sobre la tierra posee un cuerpo físico y un espíritu, sin excepción todos hemos sido dotados con los mismos regalos y con los mismos dotes divinos, lo que traduce que somos seres espirituales por poseer un espíritu, somos seres materiales por poseer un cuerpo físico, la diferencia que se da entre las personas es el grado de conciencia sobre la condición espiritual que cada uno posee, así como podemos entrenar y cuidar nuestro cuerpo físico, podemos alimentar nuestro espíritu y conectarnos más fondo con él.

Nuestra espiritualidad sale a relucir cuando hemos aceptado y reconocido que somos algo más que un cuerpo físico, sangre, huesos y carne y buscamos conectarnos profundamente con la divinidad, con la belleza interna que poseemos y que nos conecta con: el universo, con todo ser sobre la faz de la tierra, la bondad que yace en nuestro ser; cuando podemos reconocer en los demás su brillo, la luz interna que poseen, la bondad que hay en su ser. Espiritualidad es poder reconocernos como parte de la creación, reconocer que nuestros semejantes forman parte de nosotros mismos, es poder reconocer el amor en su máxima expresión, es poder ver la belleza en cada planta, flor, animal, persona, paisaje. Espiritualidad es haber encontrado dentro de nuestro ser la calma, la serenidad, la claridad para poder actuar con total integridad entre nuestros pensamientos, sentimientos y acciones.

Para conectarnos con nuestra espiritualidad y para conectar con nuestro espíritu es fundamental que logremos volver a conectarnos con nuestra esencia de amor y bondad esa que yace en nuestro corazón, encontrar nuestra luz interna y lograr encenderla para así poder ayudar a otros a encenderla la suya propia, te daré 5 puntos para que logres conectar con tu espiritualidad.

1. El primer paso es CREER que tienes un Ser Superior con quién establecer comunicación.
2. Transforma tu visión del mundo.
3. Aprende a estar en soledad.
4. Practica la meditación.
5. Mantén un diálogo interno positivo.

TE QUIERO INSPIRAR A: que aprendas a conectar con tu espiritualidad.

EJERCICIO INSPIRADOR: práctica

cerrar por lo menos 5 minutos al día y mantén un dialogo positivo contigo.

RESULTADOS EN TU VIDA:

31. LOS 4 ACUERDOS

Imagina tu vida dando el extra en todo momento. Con un acceso a maneras de ser que te empoderen. Atrévete a ser impecable con tus palabras. A vivir una vida sin tomarte las cosas personalmente. Atrévete a no asumir y preguntar y sobre todo a dar tu máximo posible.

El libro "Los cuatro acuerdos" es un ensayo de la sabiduría tolteca escrito por el médico mexicano Miguel Ruiz que está basado en la sabiduría de los antiguos toltecas.

Relata la cosmovisión que debería tener un ser humano para estar en equilibrio personal, emocional, mental y social. Para lograr entenderse a sí mismo y entender a los demás, para lograr ser felices sin ninguna influencia externa, entender que todo lo que necesitamos para lograrlo está dentro de nosotros mismos. Se debe, en primer lugar, entender que todos los humanos tienen un complejo sistema de creencias (cosmovisión) o paradigma, adquirido por influencia social, familiar, educacional, y que con frecuencia dichas creencias adquiridas los perturban mental y emocionalmente, creando infelicidad; en segundo lugar, aprender que se puede modificar el sistema de creencias para conseguir el anhelado equilibrio interior que lleva a la felicidad. Para lograrlo, La filosofía tolteca nos propone cuatro acuerdos básicos:

"Sé impecable con tus palabras". Utiliza las palabras apropiadamente. Empléalas para compartir el amor. Usa la magia blanca empezando por ti.

"No te tomes nada personalmente". Respecto a la opinión ajena, para bien o para mal, mejor no depender de ella. Ésa es otra película.

"No hagas suposiciones". Nunca nada que pasa fuera es personal. Pero en cualquier caso, no saques conclusiones precipitadamente.

"Haz siempre tu máximo esfuerzo". Verdaderamente, para triunfar en el cumplimiento de estos acuerdos necesitamos utilizar todo el poder que tenemos. De modo que, si te caes, no te juzgues. No le des a tu juez interior la satisfacción de convertirte en una víctima. Simplemente, empieza otra vez desde el principio.

Y quizás te preguntes, como lograrlo, he aquí unos tips para cada uno de los acuerdos.

Sé impecable con tus palabras: di las cosas de una manera segura y efectiva, expresa siempre la verdad.

No te tomes nada personal: no personalices las cosas que te dicen, recuerda que lo que las personas dicen, es un reflejo de lo que hay en su interior.

No hagas suposiciones: no utilices frases tipo "parece que así paso", "alguien dijo eso", "no estoy seguro", porque el suponer solo confunde. Haz siempre tu máximo esfuerzo: siempre da tu 100% y el extra en tu vida, lo único que te llevarás es la satisfacción de haber sido feliz.

TE QUIERO INSPIRAR A: que seas impecable con tus palabras, no te tomes nada personal, evites suponer y dar tu máximo posible.

EJERCICIO INSPIRADOR: cada día practica uno de los cuatro acuerdos, y verás como tu vida se transformara.

RESULTADOS EN TU VIDA:

32. HO'OPONOPONO

¿Qué es Ho'oponopono? Habías escuchado esta palabra? Te voy a explicar, el Ho'oponopono es un arte hawaiano muy antiguo de resolución de problemas. Ho'oponopono significa "enmendar", "corregir un error".

Hoo = causa   Ponopono = perfección
Entendiendo por perfección el acto de corregir el error o hacer lo correcto.

De acuerdo con los antiguos hawaianos, el error proviene de pensamientos contaminados por memorias, dolorosas acontecidas en el pasado. Ho'oponopono ofrece una forma de liberar la energía de esos pensamientos dolorosos, o errores, los cuales causan desequilibrio y enfermedades.

Según esta filosofía, todo lo que aparece en nuestra vida es un pensamiento, una memoria, un programa funcionando (un error) y se presenta para darnos una oportunidad de soltar, de limpiar, de borrar. El Ho'oponopono es la tecla de borrar en el teclado de nuestra computadora. Los hawaianos originales, primeros habitantes de Hawái, solían practicarlo.

Ho'oponopono "Limpia, borra, borra y encuentra tu propia PAZ. ¿Dónde? Dentro de ti".

"El principal propósito de este proceso es descubrir la Divinidad dentro de uno mismo. El Ho'oponopono es un profundo regalo que nos permite desarrollar una mutua relación con la Divinidad dentro de nosotros y aprender a pedir que en cada momento, nuestros errores en pensamiento, palabra, acto y acción sean limpiados. El objetivo de este proceso es esencialmente lograr la libertad, la completa libertad del pasado", ha dicho Morrnah, creadora del Ho'oponopono.

A través de Ho'oponopono puedes crear una mutua cooperación entre las tres partes de la mente o el ser: el subconsciente, el consciente y súper consciente. Eso nos permite una conexión interior personal con el amor, nuestra Fuente Divina, lo cual nos trae paz, armonía y libertad.

La técnica es muy sencilla, se trata de decir cuatro frases simples: **Perdóname, Lo siento, Te Amo y Gracias.**

Estas 4 frases no tienen un orden específico y las puedes mencionar ante cualquier situación, una enfermedad, para transformar una relación, para perdonar a alguien, para soltar pensamientos negativos, para conectar con la gratitud. Para iniciar la práctica, primero conecta con una sensación de amor, perdón y agradecimiento, creando una carga positiva, después piensa en la situación que quieres cambiar y solo menciona: "perdóname, lo siento, te amo, gracias".

TE QUIERO INSPIRAR A: que practiques el Ho'oponopono.

EJERCICIO INSPIRADOR: cada día practica el Ho'oponopono mencionando "perdóname, lo siento, te amo, gracias".

RESULTADOS EN TU VIDA:

33. DESAPEGO: APRENDE A SOLTAR.

El apego es la raíz de nuestro sufrimiento, ya sea porque se termina una relación de pareja, fallece un ser querido, o si termina una relación laboral de muchos años. El sentimiento de pérdida y el vacío que conlleva es ancho y profundo. ¡Qué difícil es fluir y dejar ir!

Para lograrlo, hay que desarrollar herramientas que nos permitan soltar las pérdidas, para así salir fortalecidos, con sabiduría y compasión. Hay algo que es definitivo y permanente: El cambio. Y desde nuestra no permanencia, cuesta mucho trabajo aceptarlo, por eso nos es tan difícil soltar y dejar ir.

Constantemente nos vemos enfrentados a decirle adiós a personas, relaciones, situaciones, MATERIAL y como nos es nada grato aceptarlo, nos aferramos a lo que ya no es: ya fue, ya cambió, ya no está, y al negarlo, dejamos ciclos abiertos que siguen causando dolor, enorme sufrimiento. Por allí se fuga la energía que necesitamos aplicar en crear y generar lo nuevo.

Las 4 leyes del desapego para la liberación emocional:

Primera ley: eres responsable de ti mismo. Nadie va a retirar cada piedra que te encuentres en tu camino, al igual que nadie va a respirar por ti ni se va a ofrecer como voluntario para cargar tus penas o sentir tus dolores. Tú mismo eres artífice de tu propia existencia y de cada paso que das.

Segunda ley: vive el presente, acepta, asume la realidad. En esta vida, nada es eterno, nada permanece, todo fluye y retoma su camino tejiendo ese orden natural que tanto nos cuesta asumir a veces. Las personas estamos casi siempre centradas en todo aquello que ocurrió en el pasado y que, de algún modo, se convierte ahora en una dura carga que altera nuestro presente.

Tercera ley: promueve tu libertad y

permite ser libres también a los demás
Asume que la libertad, es la forma más plena, íntegra y saludable, de disfrutar de la vida, de entenderla en toda su inmensidad.

Cuarta ley: asume que las pérdidas van a sucederse tarde o temprano. Las personas se irán, los niños crecerán, los amigos dejarán de serlo y algunos amores se irán. Todo ello forma parte del desapego, y hemos de aprenderlo para afrontarlo con mayor integridad. Con mayor fuerza. Pero lo que nunca va a cambiar, es tu capacidad de querer. Los apegos intensos nunca son saludables, pensemos por ejemplo en esos padres obsesivos que se exceden en la protección de sus hijos y que les impiden poder madurar.

El desapego significa...que nada te debe poseer a ti.

TE QUIERO INSPIRAR A: a que practiques el desapego.

EJERCICIO INSPIRADOR: elimina 10 prendas de tu clóset o tira documentos antiguos, esta práctica te hará despegarte de las cosas.

RESULTADOS EN TU VIDA:

34. CELEBRA LA VIDA.

Celebrar proviene del latín celebrare, que es la acción de reunirse. Celebrar es conmemorar, alabar, veneración o reverencia solemne, una reunión entre amigos.

Celebrar la vida vale la pena para todos aquellos que todos los días aprenden algo nuevo, desde su nacimiento hasta el presente. Y es que la vida ofrece un sinfín de oportunidades cada día para aprender a ser mejor persona y aprovechar cada minuto de la misma.

La vida es para celebrar, como una fiesta permanente y personal, pero se tiene que saber cómo celebrar. Tal es el caso de los cumpleaños, debido a que en estos días, parece más común tomarlo como un día más o bien no darle la importancia que tiene.

El día del cumpleaños es el modo que hemos encontrado los humanos de llevar la cuenta de los años que hemos estado en este mundo. Nadie de nosotros sabemos cuántos años más estaremos por aquí, pero sí sabemos que nuestro tiempo está limitado, de acuerdo con la psicóloga Rocío Arocha.

Celebrar el cumpleaños es celebrar la vida: es decir, darle un LIKE o un sí a la vida, y en opinión de la también fundadora y directora del Instituto de Logoterapia, es una oportunidad para reflexionar sobre el sentido de nuestra existencia.

Que es celebrar la vida?
Es la oportunidad para renovar nuestros compromisos personales y darnos cuenta de que tenemos la libertad para decidir cada acción, cada actitud, cada movimiento que hacemos para ser absolutamente responsables de nuestra historia.

Celebrar la vida es agradecer cada instante, por estar vivos, por estar rodeados de personas que inspiran un inmenso amor, por tener el privilegio de acceder a al conocimiento que nos brindan los libros y a personas que con su modo de estar en el mundo enriquecen nuestro viaje.

Tips para celebrar la vida:

*Levántate la mayor parte de tus días como en día de fiesta.

*Siempre ponte lo mejor que tengas, no guardes las cosas para ocasiones especiales, que todos los días deben ser ocasiones especiales.

*Ve videos que te eduquen o que te hagan reír.

*Manten en tu mente la idea de cada día aprender algo nuevo.

Celebrar la vida es abrazar, amar, sonreír, vivir con calma, vivir a plenitud cada instante. También es confiar en el orden del Universo, que nos asegura que cada evento y cada encuentro se han diseñado con perfección para nuestro crecimiento.

TE QUIERO INSPIRAR A: a que practiques el celebrar la vida.

EJERCICIO INSPIRADOR: por una semana, vístete como si fueras a un fiesta, para que celebres la vida diferente.

RESULTADOS EN TU VIDA:

35. LA LEY DE LA ATRACCIÓN.

La ley de la atracción es la creencia de que los pensamientos (conscientes o inconscientes) influyen sobre las vidas de las personas, argumentando que son unidades energéticas que devolverán a la persona una onda similar.

La frase "ley de la atracción" ha sido utilizada por algunos escritores, aunque el sentido con el que se usa actualmente es diferente del original. La mayoría de los autores asocian a la ley de la atracción con la frase "te conviertes en lo que piensas". Según los seguidores de dicha ley, esto significa que los pensamientos que una persona posee (sean estos conscientes o inconscientes) provocan las emociones, las creencias y consecuencias. A este proceso se lo describe como "vibraciones armoniosas de la ley de la atracción" o "tú obtienes las cosas que piensas; tus pensamientos determinan tu experiencia".
Esta frase está relacionada con las

creencias y prácticas de la nueva era, de la cual surge su definición más usual.

La Ley de Atracción ha sido popularizada en los últimos años por el libro y la película homónima El secreto (2006) pese a la cantidad de críticas recibidas en parte por su nula base científica o por el lucro que las obras han aportado a sus autores.

Principios de la Ley de la Atracción.

Los seguidores que aceptan la ley de atracción lo hacen desde la fe en que las leyes del Universo son benignas. Algunos seguidores de esta creencia afirman que la ley de atracción es una "Ley del Universo", dado que aplica a todos los seres sin excepción, el 100% del tiempo y no es algo que una persona pueda elegir si aplica o no. Comúnmente se utiliza el ejemplo de su similitud con la gravedad en este aspecto, dado a que uno no puede decidir "no aplicar" o "no creer" en la gravedad en su vida.

De acuerdo a esta ley, los pensamientos

tienen una energía la cual genera energía similar y para poder controlar dicha energía, deben seguirse 4 pasos:

1. Piensa lo que quieres y pídelo al universo (siendo "el universo" cualquier cosa que el individuo acepte como Dios).
2. Enfoca tus pensamientos sobre el objeto deseado con sentimientos de gratitud.
3. Comportarte unos días como si ya tuvieras el objeto deseado.
4. Repite la frase: estoy abierto a recibir
_____.

La Ley de la Atracción nos dice que los pensamientos positivos atraen felicidad, prosperidad, riqueza, salud, etc., tanto como los negativos atraen enfermedad, miseria, soledad. Por eso es importante que te conectes con lo QUE SI QUIERES en tu vida.

TE QUIERO INSPIRAR A: que practiques la ley de atracción.

EJERCICIO INSPIRADOR: sigue los 4 pasos para atraer algo pequeño y poner en práctica la ley de la atracción.

RESULTADOS EN TU VIDA:

36. VIBRACIÓN DEL AMOR.

Vibrar en amor y en agradecimiento cambia tu energía. Te aleja de quienes no emiten esa onda y te conecta con quienes se mueven por la vida en esa frecuencia.

Es trascendental "el sentir". Abrir la puerta interna ahí donde reside el corazón, el amor, y la conciencia, todo lo que hagamos desde el corazón, es un acto de amor maravilloso. Sí no nos atrevemos a sentir, estaremos evitando que el corazón se abra, porque la razón ejerce gran poder sobre el sentir, y la razón nos cuestiona, nos hace pensar que nuestras decisiones fueron inconexas o alocadas, pero al mirar hacia atrás, vemos que tenían un propósito, pues estaban unidos por esos hilos invisibles para los ojos de la mente, que solo el corazón es capaz de contemplar, y comprender.

Activemos el hemisferio derecho, la energía femenina y el corazón. Ya sabemos que el hemisferio izquierdo es el lógico, el que controla el verbo, la palabra, lo concreto, mientras que el derecho es el "artístico", el de las sensaciones, las intuiciones, lo sutil, lo femenino. Cuando esto empiece a suceder, empezaremos a vibrar en la Unidad, pues sí solo trabajamos con el hemisferio izquierdo, la energía masculina y la mente, no nos será posible volar, es algo así como intentar volar sin tener alas.

Necesitamos integrar los dos hemisferios, para que las energías refinadas se manifiesten con mayor intensidad. En la medida que nos conectemos todos con todos, veremos al otro como un espejo, como un reflejo de nuestra luz y esa visión será suficiente para dar un vuelco en nuestras vidas porque al fin comprenderemos que sí marginamos, criticamos, agredimos, ignoramos, juzgamos, no hay otro al que se lo estemos haciendo más que a nosotros mismos. Cuando se abre el corazón, nos vamos armonizando de manera natural, y podremos volver a la esencia.
Ejercitar el sentir, es una experiencia

enriquecedora. Podemos sentir con los 5 sentidos conocidos, pero hay otro sentir, más refinado, más elevado, y es el sentir con el corazón, ese sentir nos da energía, sensaciones indescriptibles, serenidad, placidez, paz, porque el corazón tiene una forma de sentir muy especial, al corazón, no se le escapa nada.

Observa durante una semana tu pensamiento y en la medida de lo posible elimines la oscuridad de tu mente y la transformes en luminosidad. Aprende a tener sentimientos de:

• Amor
• Agradecimiento
• Alegría
• Pasión
• Satisfacción
• Fe
• Entusiasmo

TE QUIERO INSPIRAR A: que vibres con tu corazón.

EJERCICIO INSPIRADOR: observa tus sentimientos durante esta semana, observa si la mayoría son amor, agradecimiento, alegría, pasión o entusiasmo y escríbelos.

RESULTADOS EN TU VIDA:

37. 12 PASOS PARA SIMPLICAR TU VIDA.

Simplificar tu vida es algo tan fácil como vivir en la sencillez.

Para mi simplificar la vida implica tener más control de mi tiempo y poder tener momentos en los que la paz domina al caos. Es recuperar tiempo para lo que realmente me gusta. Simplificar implica dejar atrás unos hábitos y cambiarlos por otros, significa luchar por el control de nuestra vida. Y no es fácil, pero nadie dijo que lo fuera! Simplificar la vida no es una de esas idas en las que se debe pensar en el resultado, sino pasar por un camino de soltar lastre y renunciar, para avanzar finalmente.

12 pasos para simplificar tu vida:

1. Despeja tu vida. Deshazte de cosas, personas y sentimientos que ya no son útiles en tu vida.
2. Elimina de tu agenda las actividades y obligaciones innecesarias. Dile "no" a las exigencias excesivas, y no te sientas

culpable de inyectar una dosis de tiempo libre a tu rutina diaria.

3. Asegúrate de que tu tiempo libre sea libre. Pasa una tarde leyendo o escribiendo cartas, viendo una película con un ser querido, cenar con los hijos o hacer ejercicio.

4. Saca tiempo para la meditación. Saca por lo menos 20 minutos diarios, siéntate en silencio y establece con tu ser.

5. Regresa a la sencillez de la naturaleza. Camina o acampa en el bosque; nada en un río, lago o en el mar; siéntate frente a una fogata, monta a caballo o esquía en la nieve.

6. Marca distancia entre tú y tus críticos. Dales una bendición silenciosa a quienes andan buscando defectos y apártate de su energía tan rápido como sea posible.

7. Saca un tiempo para tu salud. Recuerda que tu cuerpo es el templo sagrado donde vives durante esta vida.

8. Juega, juega, juega. Aprende a jugar en vez de trabajar toda tu vida.

9. Disminuye el ritmo. Desacelera tu forma de hablar, tus pensamientos y el ritmo de todo lo que haces. Dedica más tiempo a escuchar. Detente y aprecia las estrellas en una noche despejada.

10. Haz todo lo posible para evitar las deudas. Recuerda que estás intentando simplificar tu vida, así que no necesitas comprar objetos que la complicarán y la trastornarán.

11. Olvídate del valor efectivo. No te niegues a los placeres de la vida por razones monetarias.

12. Acuérdate de tu Espíritu. Ve a un lugar sencillo y pacífico en donde estás en armonía con la sincronización perfecta de toda la creación. Viaja mentalmente allí y detente con frecuencia para recordar lo que realmente quieres.

Hay dos pasos más simples que a mí me funcionan día a día, tan solo hay que seguirlos:

* Identifica lo que es realmente importante para ti.

*Elimina todo lo demás de tu vida.

TE QUIERO INSPIRAR A: que simplifiques tu vida totalmente.

EJERCICIO INSPIRADOR: practica durante 12 días un paso a la vez y lleva un registro de lo que si pudiste realizar.

RESULTADOS EN TU VIDA:

38. EL EGO.

El ego ha sido y seguirá siendo por unos buenos años más, uno de los grandes desafíos de toda persona que inicia su camino espiritual. Existe una polaridad opuesta entre los objetivos de una persona espiritual y los objetivos del Ego.

El ego, nace de una palabra latina que significa "YO". El ego marca e individualiza a una persona o ser. El ego indica y oficializa que existe un YO al cual atender y poner atención.

¿Cuál es realmente el propósito del ego?

Realmente todos los seres vivientes tienen un ego, puesto que el ego también se identifica con la personalidad de un ser. Por esta razón, no solo las personas tenemos un ego, también los animales y todos los seres que puedan expresarse hacia los demás.

El propósito del ego, desde los primeros

inicios de la evolución, es más que nada, ser una especie de protección en un mundo desafiante y poco amistoso.

El ego crea barreras y divisiones donde no las hay, clasifica a los demás, y se clasifica a sí mismo como mejor o peor que los demás (Egos). También se identifica con nuestra temporal y efímera existencia humana, hace creer a muchos que, "Nosotros somos este cuerpo", cuando la verdad es que "Nosotros tenemos este cuerpo", pero no lo somos, nuestra esencia no es material, es espiritual, es energía, es Alma. Y es por esto básicamente que el ego es la polaridad opuesta del espíritu, pues solo se identifica con lo material y superficial.

Recuerda también que todos los conflictos con nuestro ego son temas internos que debemos trabajar, de forma que cada uno de ellos nos viene a dar una luz hacia donde debemos poner nuestra atención a la hora de avanzar en nuestro propio camino espiritual.

Como trabajar con nuestro ego:

1. Si quieres alcanzar un estado de felicidad, ve más allá de tu ego y del dialogo interno. Toma una decisión de renunciar a la necesidad de control, a la necesidad de ser aprobado, y a la necesidad de juzgar.

2. Está en la naturaleza del ego tomar y en la naturaleza del espíritu compartir.

3. Deja tu ego en la puerta cada mañana y simplemente haz un gran trabajo.

4. Disculparse no siempre significa que tú estás equivocado y la otra persona está en lo correcto. Simplemente significa que valoras más tu relación que tu ego.

5. El auténtico yo es la mejor parte del ser humano. Es la parte de tí que ya esta apasionada sobre la evolución. Cuando tu auténtico yo milagroso se despierta y se vuelve más fuerte que tu ego, intentarás marcar una diferencia en el mundo.

TE QUIERO INSPIRAR A: a que identifiques tu ego y lo trabajes.

EJERCICIO INSPIRADOR: observa tus sentimientos durante esta semana, observa si la mayoría son amor, agradecimiento, alegría, pasión o entusiasmo.

RESULTADOS EN TU VIDA:

39. 21 VERBOS PARA SER FELIZ.

En una ocasión encontré una postal titulada "21 verbos para ser feliz" y me pareció extraordinario desglosar y aplicar un verbo para cada día. A continuación cada uno de ellos:

1. Actuar. Observa si tu actuar es positivo en tu día, vale más una buena actitud acompañada de una sonrisa que muchas cosas en la vida.

2. Amar. Ama a todos a tu alrededor, ama la vida, ama lo que haces, ama tu trabajo y sobre todo, amate a ti mismo.

3. Agradecer. Da gracias por absolutamente todo, tu comida, tu cuerpo, tu auto, tu casa, y sobre todo agradécete a ti mismo, a tu ser.

4. Analizar. Analiza las situaciones de la vida, pero no por estar en el análisis entres en parálisis, es decir analiza y toma acciones comprometidas.

5. Avanzar. Busca siempre avanzar en la vida, date cuenta que hacías hace 10 años y mira todo lo que has avanzado, continua así, moviéndote.

6. Bendecir. Envía bendiciones cada vez que puedas. Bendice los alimentos, tu salud, tus cosas materiales y sobre todo derrama bendiciones sobre ti.

7. Buscar. Busca nuevas y divertidas cosas que hacer. Busca interactuar con otras personas, busca leer un nuevo libro, busca aprender algo nuevo.

8. Colaborar. Apoya para que otros seres se sientan también plenos y satisfechos.

9. Conocer. Aventúrate a conocer sitios diferentes y mágicos. El viajar te permite conocer personas y conocerte.

10. Compartir. Comparte tu tiempo, espacio y amor con seres que realmente merecen estar en tu vida.

11. Crear. Crea tu día a día visualizando, programa a tu mente a crear tu vida perfecta.

12. Crecer. Crece espiritual, física y mentalmente y crece con tus seres queridos.

13. Cuidar. Cuida principalmente tus pensamientos, busca que estos sean positivos, siempre.

14. Creer. Cree en ti, en lo grandioso que eres para que puedas creer en los demás.

15. Dar. Da, da y da hasta que te sangre las manos y continua dando, porque lo quedas, lo recibes.

16. Desear. Desea que tus sueños ocurran, busca maneras de desear cosas nuevas en tu vida.

17. Engendrar. Da vida a algo nuevo para ti, busca cada año agregarle algo nuevo a tu vida.

18. Mutar. Cambia, muta, transfórmate tanto interna como externamente, busca siempre maneras de ser diferente.

19. Reír. Así de simple, ríete de todo.

20. Sanar. Sana tus relaciones, sobre todo la relación contigo mismo.

21. Sembrar. Siembre amor, bondad, paciencia y todo lo que desees cosechar.

Practicar estos 21 verbos es más sencillo de lo que parece, solo léelos y hazlo.

TE QUIERO INSPIRAR A: apliques los 21 verbos para tu felicidad.

EJERCICIO INSPIRADOR: cada día elije aplicar uno de los 21 verbos y observa lo maravillosa que se volverá tu vida.

RESULTADOS EN TU VIDA:

40. DILE SÍ A LA VIDA.

Me encantaría que a partir de hoy empezaras a decir sí a la vida. No se trata de decirle si a todo ni a todos, se trata de aceptar invitaciones, para crear nuevas posibilidades en tu vida. El otro sábado estaba de los más aburrida en mi habitación, de repente, me escribió un amigo invitándome a una fiesta, antes de que terminara de decirme donde seria, yo ya estaba con mi idea de rechazar la invitación, de repente recordé, recuerda lo que has aprendido en los talleres motivacionales a los que has asistido y decides otra cosa diferente, por lo tanto lo hice, sin saber a dónde iríamos, de quien era el cumpleaños, ni quien iría, decidí decirle "si, a la vida" y me lance a la fiesta, a lo desconocido, y fue una experiencia muy gratificante, decidí decir sí y vivir la experiencia mágica de lo desconocido.

Estando en la fiesta recordé la película llamada "Yes man" de Jim Carrey, repase la película como por 1 minuto y dije, esto es lo que estoy haciendo, simplemente decirle "SI" a la vida. Resta decirte que me la pase increíble en la fiesta, me di cuenta que hace mucho que no bailaba, así que baile sin parar por 2 horas, mis pies se sentían cansados, pero mi espíritu quería seguir bailando y bailando. Me ofrecieron pastel y dije sí, varias personas me invitaron a bailar y dije "sí" fue tan liberador y mágico, solo decir "sí" sin juicios, sin interrogantes, sin futuros, solo viviendo el momento presente.

Ahora quiero que pienses, a cuantas fiestas no asististe por todas las conversaciones internas que hay en ti. Cuantas veces te han invitado a bailar, al cine, a viajar y tu respuesta ha sido "no" seguida de miles de excusas.

Quiero que pienses en un evento maravilloso que haya marcado tu vida: quizás cuando conociste a tu pareja, cuando cumpliste años, piensa en ese evento y quiero que pienses por un instante que hubiera pasado si le hubieras dicho "no", tu vida actual definitivamente seria otra. Ese fue un evento parte aguas, un antes y un después y quiero que pienses por un instante como hubiera sido si tu hubieras dicho "no", la historia hubiera cambiado, verdad?

Ahora quiero que busques en tu memoria un evento al que le dijiste "NO", quizás vivir en otra ciudad, estudiar, casarte o ser pareja de alguien, no asistir a un viaje, cualquier evento al que le hayas dicho no, y quiero que imagines como hubiera sido ese momento de tu vida si hubieras dicho "si". Definitivo el pasado no se puede cambiar, pero en el futuro podemos crear miles de posibilidad y aceptarlas tal cual.

Ahora dile "sí" a la vida y a todas esas cosas que hay frente a tí, nunca sabes a quien puedes conocer o que experiencias maravillosas puedas tener. Dile sí a amar, sentir, besar, abrazar... y goza la oportunidad de poder tener eso en tu vida.

TE QUIERO INSPIRAR A: digas "sí" sin pensarlo.

EJERCICIO INSPIRADOR: todo el día de hoy, y muy responsablemente, dirás "Sí" a cualquier propuesta y prepárate para un día mágico.

RESULTADOS EN TU VIDA:

41. AFIRMACIONES PARA LA SALUD Y EL PERDÓN.

Una afirmación es en realidad cada cosa que pensamos o decimos, sin embargo gran parte de los pensamos o decimos es negativo y no nos produce experiencias agradables. Las afirmaciones nos abren las posibilidades, por eso es importante escuchar nuestro dialogo interior. A continuación te daré 10 afirmaciones poderosas para la salud y el perdón tomadas del libro de Louise Hay "Yo sí puedo".

Afirmaciones para la salud:

*Doy gracias por mi salud. Amo la vida.
*Descubro siempre nuevas formas de mejorar mi salud.
*Disfruto la comida que es mejor para mi cuerpo. Amo cada una de mis células.
*Hago que mi cuerpo vuelva a tener una salud óptima, dándole lo que necesita en cada nivel.

* Duermo lo suficiente cada noche. Mi cuerpo agradece que cuide de el.

*Hago todo lo que puedo amablemente para que mi cuerpo se mantenga en perfecta salud.

*La salud perfecta es un derecho humano recibido de la divinidad que hoy estoy dispuesto a ejercer.

*Solo yo controlo mis hábitos alimenticios. Puedo dejar de comer algo si así lo decido.

*Me uno en mi interior con la parte de mí que sabe como sanar.

*Mis pensamientos de felicidad contribuyen a mi salud.

Afirmaciones para el perdón:

* La puerta de mi corazón está abierta. Paso del perdón al amor.

* El pasado quedó atrás. Forjo mi futuro con lo que pienso en este momento.

*Me doy el regalo de liberarme del pasado y avanzo con alegría en el ahora.

*Estoy preparado para sanar. Deseo perdonar.

* Cuando cometo un error, entiendo que

forma parte de mi proceso de aprendizaje.

* Paso del perdón a la comprensión y siento piedad por todos.

* Me perdono y me es fácil perdonar a los demás.

* Amo, acepto y perdono a todos los miembros de mi familia tal como son.

* Todas las personas con las que convivo tienen algo que enseñarme. Tenemos un propósito de estar juntos.

* Perdono a todas las personas que me hicieron daño. Hoy me despido de ellas con amor.

Las emociones tienen una estrecha relación con el cuerpo físico, por lo tanto, al perdonar y sanar tus emociones, logras sanar tu cuerpo físico.

Vuelve a lo básico de la vida, el perdón, el valor, la gratitud, el amor y el buen humor.

TE QUIERO INSPIRAR A: que practiques las meditaciones de perdón y salud.

EJERCICIO INSPIRADOR: todos los días lee las 10 afirmaciones de salud y perdón durante una semana.

RESULTADOS EN TU VIDA:

42. GRATITUD TOTAL.

Bienvenido a este espacio lleno de gratitud. Nuestra frase será: GRACIAS POR EL PASADO, GRACIAS POR SOLO RECORDAR LO POSITIVO. Gracias, una palabra tan mágica y tan poco valorada. Cuantas veces al día agradeces? Cuantas veces al día te das cuenta de los que tienes? Cuántas veces te vas al pasado y simplemente lo agradeces? Ahora haremos un viaje al pasado y no importa el mes en el que estemos, podemos irnos hacia allá, así que leerás el mes y cerraras tus ojos y lo visualizaras.

Vamos a practicar una evaluación mes por mes. Recuerda solo recordar lo bueno, bonito, sano y lo que te causo felicidad.

** Enero. Agradece lo que ocurrió en enero. Todo lo bueno, lo mágico, lo extraordinario y mira todo lo que ocurrió en el mes de enero? Dónde estabas? Quienes compartieron contigo?

** Febrero. Agradece lo que ocurrió ese mes, el mes del amor y la amistad? Agradece todo lo maravilloso. Dónde estabas? Quienes compartieron contigo ese día?

** Marzo. El mes de la primavera, los nuevos cantos de las aves, mira todo lo que ocurrió en este mes? A donde fuiste, con quien fuiste?

** Abril. Recuerda las vacaciones, a donde fuiste, con quienes. Celebraste algo en particular? Paso algún evento importante? Y agradécelo.

** Mayo. El mes de mamá. Le agradeciste a mamá por todo lo que ha aportado en tu vida? Qué cosas nuevas hiciste este mes? Como fue tu vida en el trabajo?

** Junio. Casi la mitad del año y un momento oportuno para agradecer y reconocer lo que has hecho. Y retomar nuevos propósitos en tu vida.

** JULIO. Agradece lo que ocurrió, quizás unas vacaciones, un cambio de look, una noticia inesperada.

** AGOSTO. Agradece un evento importante, agradece la vida misma, el sol, el aire y todo lo ocurrido ese mes.

** SEPTIEMBRE. Qué estabas haciendo?, Qué planes tenías? Se realizaron estos planes? agradece eso tan extraordinario que ocurrió en este mes.

** OCTUBRE. Agradece este mes de hojas cayéndose, de un clima diferente. Dónde estabas? Con quienes compartiste esos momentos?

** NOVIEMBRE. El mes de la total gratitud. Así que quiero que pienses de que y porque agradeciste este mes.

** DICIEMBRE. Agradece el fin de año, un mes lleno de festividades y ciclo de cierres. Como fue ese mes para ti?

Y cada vez que tengas oportunidad de agradecer, piensa en el momento que estas hoy y agradécelo. Y si te vas a ir a la pasado, piensa en tan solo en los momentos maravillosos, visualízalos, vívelos y agradece que así fue, porque fue perfecto lo ocurrido.

TE QUIERO INSPIRAR A: que vayas al pasado solo para agradecer.

EJERCICIO INSPIRADOR: vas a visualizar cada mes, a partir del mes que estás leyendo esto, y agradecerás solo los momentos bonitos.

RESULTADOS EN TU VIDA:

43. EL AÑO DE TU VIDA.

Siempre que inicias un año nuevo tienes una lista grande de objetivos y metas por cumplir y dices frases como: "ahora si", "este es mi año", "este año si me esforzaré" y pasa el tiempo y no ocurre nada extraordinario, sabes porque? A continuación te mostraré una lista de 7 tips para que cuando inicies el año sea el mejor de tu vida.

1. Reducir el número de objetivos. Se consiguen cosas importantes y poderosas si nos centramos en una o pocas cosas a la vez. Si sólo tienes pocas metas, podrás ser capaz de concentrar tu energía y atención por completo en ese propósito. Y ese es uno de los secretos del éxito.

2. Simplificar. Cuando tenemos demasiadas cosas en nuestras vidas, nos sentimos abrumados. Nos hace ineficaces. Simplificar nos ayuda a estar centrados, y nos hace más poderosos. Tómate tu tiempo para identificar las 4-5 cosas que son más importantes en tu vida.

3. Hacerlo ahora. Todo esto de plantearse metas y nuevos propósitos está muy bien, pero los mejores planes son inútiles si no se actúa sobre ellos. La acción lo es todo. Empieza a actuar hoy para hacer realidad tu objetivo. Y mañana, haz otra acción. Haz una acción hacia tu meta cada día, a primera hora del día, y haz que ésta sea la cosa más importante que haces todos los días.

4. Programa tiempo para tí y tus seres queridos. Si estas dos cosas no están en tus 4-5 cosas más importantes, deberías considerar la revisión de la lista. Pasar tiempo con los seres queridos, la conexión con ellos, es en mi opinión absolutamente esencial para la felicidad. Que sea una prioridad.

5. Crear nuevos hábitos. Las metas se logran mediante hábitos. ¿Qué hábito se puede desarrollar este mes para ayudar a lograr tu meta para este año?

Una vez que hayas identificado ese objetivo, tendrá que comprometerte, hacerte responsable de tus actos, y centrarte por completo en ese hábito durante un mes.

6. Tener enfoque. Es fácil quedar atrapado en las cosas que se nos presentan, en las crisis diarias que descarrilan nuestros planes, en las distracciones y el correo electrónico y el móvil y el Facebook. Muy fácil. Si pierdes el foco, será muy difícil lograr tus metas. Aprende a concentrarte.

7. Centrarse en la felicidad. Si haces que tu felicidad se convierta en tu enfoque, serás más feliz. Es realmente así de simple. ¿Qué te hace feliz? Ese debe ser el foco de su vida. Este año, haz que la felicidad sea tu prioridad. Luego haces lo necesario para que sea una realidad

TE QUIERO INSPIRAR A: que logres que tu año sea el mejor de tu vida.

EJERCICIO INSPIRADOR: sigue cada uno de los pasos para que este sea el mejor año, cada paso por día y pronto verás resultados.

RESULTADOS EN TU VIDA:

44. TRANSFÓRMATE INTERNA Y EXTERNAMENTE.

Transformar no significa cambiar, transformar es ver, hacer o ser lo opuesto a lo que estás viendo, haciendo o siento. Te quiero compartir unos "tips transformadores" para que te transformes internamente y posterior mente eso te dé el valor suficiente para transformarte externamente.

Transfórmate internamente:

1. Cree que tienes un Ser Superior con quién establecer comunicación y realmente activa esta conexión!

2. Elabora una visión para tu vida, una visión es como tú quieres VER tu vida, así que empieza a visualizar tu vida perfecta.

3. Soledad, busca tener tiempo para ti y un lugar en el cual puedas estar solo y de preferencia tranquilo y no hagas NADA.

4. Meditación, aprende a trabajar a disciplinar tu mente y para silenciar la charla interna que siempre la llena.

5. Escribe un Diario registra tus sentimientos, emociones, sueños e intuiciones todos los días en un diario. Esto te ayudará a entrar en un contacto más estrecho contigo mismo.

6. Practica el diálogo interno, pregúntate: Qué quiero? Qué me motiva? Para donde voy? Conduce un diálogo interno regular contigo.

7. Observa las Lecciones de la Vida. Cree que todos los eventos de tu vida, las situaciones y las personas, te han enseñado lo que has necesitado.

Transfórmate externamente:

1. Ve a cortarte el cabello o hacerte algo drástico en el mismo.

2 Prueba usar esa prenda que nunca te has puesto, un gorro, mascada, etc.

3. Compra ropa de un color diferente y que normalmente no utilizas.

4. Atrévete a usar un estilo que nunca imaginarías, busca en revistas y elije ese estilo que hasta miedo te causa.

5. Practica ejercicio. Y si ya lo haces, practica un ejercicio diferente y descubre nuevo músculos en ti.

6. Toma clases de algo, salsa, bachata, Tae Kwon Do o lo que necesites para que tu cuerpo transforme otras partes que no está acostumbrado a usar.

7. Ve al dentista, transforma tu sonrisa, porque es tu mejor presentación.

Como puedes leer, transformarte interna y externamente, depende simplemente de hacer las cosas, no de intentar. Suerte en tu vida y simplemente...HAZLO!

TE QUIERO INSPIRAR A: que desees transformarte interna y externamente.

EJERCICIO INSPIRADOR: elije 14 días de tu vida y cada día aplica un "tip transformador".

RESULTADOS EN TU VIDA:

45. CAMBIO.

No es sencillo lograr un cambio sostenido en nuestras vidas. Cuando deseamos un cambio, es probable que surjan varios obstáculos que nos desafían, raramente el camino es lineal y fácil. Los cambios son parte de nuestra vida, solo que a veces no los percibimos o preferimos no detectarlos. Te diré algunos aspectos que debes de considerar respecto a "el cambio" en cualquier área de tu vida:

1. El cambio comienza con el deseo mismo de cambiar algo en nuestras vidas.

2. El proceso de cambio se produce más fácilmente con la ayuda de un guía o Life Coach.

3. Las rapidez de los cambios varias según el área que deseemos cambiar.

4. Muchas veces cuando al perecer nada ocurre, en realidad se están operando cambios profundos.

5. El cambio no se produce en forma sostenida y lineal, a lo largo del camino hay retrocesos y tropiezos.

6. El cambio drástico, siempre va acompañado de un poco de miedo.

7. Nunca es tarde para cambiar.

8. el cambio es un trabajo de cada día y para toda la vida.

No hay duda de que cada proceso de cambio en cualquier área de tu vida, te pueda causar miedo, y a veces terror, cambiar esquemas de sentimientos y comportamientos de toda una vida y encarar la existencia de una manera diferente y desconocida, es algo que a nuestra mente no le gusta, le incomoda y definitivamente, prefiere lo cómodo.

Este es uno de los principios del cambio que tropieza con una mayor resistencia. Muchas personas que padecen bloqueos afectivos y otros problemas psicológicos llegan a un punto en la vida que piensan:

"He perdido mi oportunidad de cambiar. He sido como soy desde que recuerdo, y supongo que lo seguiré siendo hasta que me muera". En nuestra cultura obsesionada con la juventud, es habitual dar por sentado que una vez pasada cierta edad, la gente pierde su capacidad de cambio. Esto es rotundamente falso.

Cada cambio implica no sólo una modificación interna, sino también un reajuste con el entorno exterior.

A través del cambio llegamos a ser lo que somos en cada momento y lo que nos permite ir a más o por el contrario lo que nos conduce a venir a menos.

Cuando cambias algo en el exterior cambia algo en el interior y la formula aplica al contrario también, cambias algo en ti, tu mundo se transforma.

TE QUIERO INSPIRAR A: aprendas a disfrutar los cambios en tu vida.

EJERCICIO INSPIRADOR: decídete a hacer un cambio drástico en tu peinado, tu vestuario o en un hábito alimenticio o tipo de ejercicio.

RESULTADOS EN TU VIDA:

46. HOY ES UN DÍA MARAVILLOSO.

Hoy puede ser el día más maravilloso de tu existir, eso, depende de ti. Piensa que la vida nos sonríe y hay que celebrarla. Empieza a festejar, que estás vivo(a).Muchos no tienen esa suerte. Aprovecha cada oportunidad, para ser feliz desde el momento que despiertes en tu cama, desde que abres tus ojos y sientes que la luz ilumina tu rostro, a través de la tímida abertura de la ventana, de tu habitación. Si no tienes ventanas, pues no importa, imagínatelo eso será más significativo.

Levántate con energía, dispuesto a expresar tus mejores sentimientos: amor, ternura, comprensión. Besa y abraza a tus seres queridos a conocidos, y porque no, a desconocidos.

Debes sentirte enamorado de todo lo que haces y de todo lo que te rodea. ¡Exprésate! No te guardes nada. Recuerda que las oportunidades no se repiten y los momentos nunca son iguales.

Nunca permitas que nada perturbe tu paz interior y tu disposición a ser feliz. No te enfrasques en discusiones estériles, tratando de imponer tu punto de vista, como el válido. No olvides que nadie es dueño de la verdad y debemos respetar los pensamientos e ideas de otros. Eso es sabiduría.

Todos los días despierta y dí estas frases de poder:
*Gracias _____ por este nuevo día.
*Hoy será un día maravilloso.
*Hoy será muy diferente al de ayer.
*Hoy confiaré más en mi y en _____.
*Hoy me aceptaré y me amare.
*Hoy viviré el presente y soy feliz.

Y escucha la canción de Joan Manuel Serrat "Hoy puede ser un gran día", disfruta y maravíllate con cada frase:

Hoy puede ser un gran día, plantéatelo así, aprovecharlo o que pase de largo, depende en parte de ti.
Dale el día libre a la experiencia para comenzar y recíbelo como si fuera fiesta

de guardar.

No consientas que se esfume, asómate y consume la vida a granel. Hoy puede ser un gran día, dúro con él.

Hoy puede ser un gran día donde todo está por descubrir, si lo empleas como el último que te toca vivir.

Saca de paseo a tus instintos y ventílalos al sol, y no dosifiques los placeres, si puedes, derróchalos.

Si la rutina te aplasta dile que ya basta de mediocridad, hoy puede ser un gran día date una oportunidad.

Hoy puede ser un gran día, imposible de recuperar, un ejemplar único, no lo dejes escapar.

Que todo cuanto te rodea lo han puesto para tí, no lo mires desde la ventana y siéntate al festín.

Pelea por lo que quieres y no desesperes si algo no anda bien,

Hoy puede ser un gran día, y mañana también!

TE QUIERO INSPIRAR A: a que hoy decidas que sea un gran día.

EJERCICIO INSPIRADOR: repite las frases de poder cada mañana durante una semana y después escucha la canción de Joan Manuel Serrat "Hoy puede ser un gran día"

RESULTADOS EN TU VIDA:

47. EL SER QUE QUIERO SER.

Para entender con claridad esto vamos a desglosar la frase "el ser que quiero ser". Tú y yo somos "seres vivientes" que por un propósito específico vinimos a nacer en este mundo, en este país y en este tiempo; sea cual sea tu nacionalidad o edad, naciste por una razón y una de las grandes misiones de tu vida es descubrirla, ese es tu SER. Cada uno de nosotros tiene una idea o una imagen de cómo quiere llegar a ser (lo ideal), es como cuando uno es pequeño y los maestros le preguntan "¿qué quieres ser cuando grande", las respuestas son variadas y pueden ir desde bombero hasta presidente. Todos tenemos una idea de lo que queremos ser, lo que muchas veces no tenemos tan claro es cómo vamos a llegar a ser eso.

Existe un libro llamado "El Ser Que Quiero Ser": Conviértete En La Mejor Versión De Ti Mismo escrito por John Ortberg, en el cual el autor primeramente le ayuda a evaluar su salud espiritual y a medir la diferencia desde donde se encuentra actualmente y hasta donde quieres estar mediante algunos ejercicios.

Cada uno de nosotros tiene la misma posibilidad de transformarse en la mejor versión de sí mismo. En indagar en profundidad sobre el ser que queremos ser y caminar en esa dirección, es convertirnos en "versiones mejoradas" de nosotros mismos. ¿Quién más que nosotros mismos para transformarnos a nosotros mismos? A parte de tu SER interno, no hay nadie que te conozca tanto como lo haces tú, y acepta que vivirás hasta el último día de tu vida contigo mismo, ¿por qué no aprovechas la oportunidad de que tu "obra maestra" seas tú mismo? ¡Atrévete! ¡Descúbrete! Y transfórmate en el ser que quieres ser.

¿Quién estás siendo hoy?
Párate a pensar si el que estás siendo hoy se parece más a la descripción que has hecho para saber quién eres, es decir, remitiéndote a tu pasado, o en la

descripción que has hecho para saber quién quieres ser, enfocándote en tu futuro.

Si eres solo tu pasado no tienes mas posibilidades que las que se te han dado, sin embargo, si empiezas a ser YA quién quieres ser en un futuro, tienes todas las posibilidades a tu alcance.

Para descubrir el SER que quieres ser, pregúntate y contesta lo siguiente:
¿Qué estoy esperando para ser quién quieres ser?
¿Qué quiero ser realmente?
¿Cuáles son los adjetivos calificativos positivos que me definen?
¿Cuáles son los adjetivos calificativos positivos con lo que deseo que la gente me identifique?

Y aquí están las respuestas del SER que tu realmente deseas y mereces ser.

TE QUIERO INSPIRAR A: a que descubras quien deseas ser.

EJERCICIO INSPIRADOR: dedica una hora a contestar las preguntas lo mas largo y profundo que puedas, para descubrir quien quieres ser.

RESULTADOS EN TU VIDA:

48. QUÉ ES EL AMOR DE PAREJA?.

Esa una de las grandes incógnitas que toda persona quiere saber, todos se imaginan en su mente qué es o qué puede ser el amor en pareja. Pero no tienen una definición clara de lo qué es y lo que implica. El amor es el tema de la mayoría de películas, es el tema más común del que hablan las personas y sobretodo es lo más perseguido por el ser humano, es un sentimiento tan potente que mueve montañas.

El verdadero amor de pareja se da cuando eres una persona lo suficientemente inteligente como para valorar la persona que tienes al lado y esforzarte en tener una vida en pareja feliz en vez de dejarte atrapar por tus deseos carnales y prehistóricos. Normalmente cuando termina el periodo natural de sentir amor con otra persona son muchas las personas que creen que esto es motivo de ruptura. Con lo cual empiezan a buscar otra persona que les aporte de nuevo esas emociones positivas de amor, esas "mariposillas".

Las "mariposillas" en el estómago no es lo que te hace estar con una pareja 10 años. Lo que te hace estar más tiempo con una pareja es el compromiso, el deseo de ser feliz al lado de alguien, el compartir con alguien momentos de dicha y porque no de tristeza, compartir con alguien momentos de extrema felicidad, preocuparse por esa ser, disfrutar cosas al lado de alguien y sobre todo el sentirte valorado, amado y respetado por una persona.

Algunas personas eligen pareja con criterios totalmente absurdos como el puro físico. La belleza de una mujer o de un hombre no te hará tener una vida feliz con esa persona. Te invito a que evalúes tu amor hacia tu pareja, busca lo positivo en esa persona, recuerda que fue lo que te enamoro. Y si no, sigue los siguientes tips para que la relación se vuelva fuerte.

Tips para fortalecer el amor en la pareja.

Buena comunicación. Busca expresar tus ideas, enojos, alegrías y frustraciones con respeto y sin insultos.

Innoven en la recámara. Traten de practicar algo nuevo y platiquen sobre las cosas que les gustaría conocer, hacer y experimentar.

Recuerda los pequeños detalles. Por lo menos una vez al día tengan un lindo gesto como hacer el desayuno, llevarle flores, elogiarla o palabras amorosas.

Mantén la confianza. Evita agobiar a tu pareja y digan aquello que les inquiete.

Hablen tranquilo y civilizadamente. Procura explicar lo más claro posible el problema y tener la disposición de solucionarlo.

Evita la competencia laboral. Mejor destaquen los logros de su pareja y apóyenlo, ya que los beneficios son para los dos.

TE QUIERO INSPIRAR A: fortalezcas los lazos de amor con tu pareja.

EJERCICIO INSPIRADOR: durante una semana practica cada día los tips para fortalecer el amor de pareja.

RESULTADOS EN TU VIDA:

49. LOS DIFERENTES TIPOS DE AMOR.

El amor resulta muy complejo, y no existe una delimitación manifiesta entre el amor y sentimientos o emociones parecidas. La clasificación más importante y que congrega a un mayor número de expertos acerca de cuáles son los tipos de amor, es la Teoría Triangular de Sternberg. Esta categorización se construye en base a tres dimensiones o elementos esenciales en el amor, que son: pasión, intimidad y compromiso.

Hay diferentes tipos de amor y algunos se entrelazan y se combinan entre sí, dando lugar a diferentes clases de amor (o formas de amar) que explico a continuación:

1. Amor platónico. Es cuando estás enamorado de 'alguien' que aún no lo sabe y es un amor secreto.

2. Amor incierto. No sabes qué esperar del otro y la incertidumbre es una constante, parece que faltan muchas cosas por hablar.

3. Amor romántico. Los que sueñan con el amor ideal estilo novela y están encaminados en mantenerlo con detalles y más.

4. Amor narcisista. El egoísmo reina y no importan los gustos del otro, sólo satisfacer sus propias necesidades.

5. Amor comprometido. Son tal para cual. Algunas almas gemelas se encuentran y deciden realizar su proyecto de vida con todas las energías puestas en la relación.

6. Amor inmediato. Aquel que se expresa mediante los 'arrebatos pasionales' y busca el placer de forma compulsiva.

7. Amor sin tiempo. En la sociedad actual no hay tiempo para nada y, si lo hay, muchos prefieren trabajar que darlo a la vida en pareja.

8.- Amor posesivo. Cuando no le dan ni

un minuto al otro para que respire solo y creen que su gran amor les 'pertenece'.

9. Amor intenso. Una relación en la que se invaden todos los espacios al punto de 'ser una carga'. Ten cuidado tal vez acabes por aburrirlo.

10. Amores ideales. Amores románticos con una dosis de pasión, intimidad y compromiso.

11. Amor asfixiante. No está de más que se consientan un poco, pero no olvides tener reservas en el amor y ofrecerlo en las dosis exactas.

12. Amor 'problema'. Cuando hay más lágrimas que risas y en definitiva pasas más tiempo sola y triste que con buenas emociones hay que actuar pronto.

TE QUIERO INSPIRAR A: identifiques el tipo de amor que estás manifestando en tu vida.

EJERCICIO INSPIRADOR: identifica el amor que tú expresas y si no te satisface, cámbialo por otro respecto a la persona que tengas frente a ti.

RESULTADOS EN TU VIDA:

50. Los 5 lenguajes del amor.

Los cinco lenguajes del amor es una ideología desarrollada por el doctor Gary Chapman, la cual analiza las relaciones de pareja. Chapman destaca en su libro que todas las personas expresan su amor por el otro de diversas maneras y es esencial que las parejas identifiquen la forma de comunicar su amor mutuamente para que sean capaces de mejorar su relación. Tu puedes recibir amor en uno o más lenguajes, y de igual manera, tu pareja o las personas a tu alrededor, tienen también su propio lenguaje para dar o recibir amor.

El lenguaje de las palabras de confirmación. Algunas personas expresan amor a través de la afirmación verbal. Utilizan para palabras de afirmación o frases como: "Tú eres una persona hermosa" o "Tú eres mi mejor amigo". O constantemente mencionan halagos.

El lenguaje del tiempo de calidad. Las

personas comparten su amor por el otro pasando tiempo de calidad juntos. Este aspecto requiere que las personas enfoquen su atención en el otro en formas como la comunicación abierta, tanto para escuchar como para hablar, y pasando tiempo juntos realizando actividades que ambos disfruten.

Lenguaje de la recepción de regalos. El recibir regalos para algunas personas es un acto en sí de amor puro, no tiene que ser un regalo costoso, un pequeño detalle es suficiente. Algunas personas ven el acto de entregarse objetos materiales como un acto de amor. Sin estos actos de dar y recibir las personas que utilizan este tipo de lenguaje de amor se sienten privadas de su relación.

Lenguaje de los actos de servicio. Las personas que expresan su amor a través de los actos de servicio son propensas a ver las labores, como los quehaceres domésticos y las diversas tareas del hogar, como actos de amor. Para que dos personas experimenten juntas el lenguaje de los actos de servicio, ambas deben estar dispuestas a salir de sus rutinas normales del hogar y realizar una tarea en conjunto con el único propósito de ser amables entre sí.

Lenguaje del contacto físico. Es simplemente la idea de que las personas se sienten amadas y reconfortadas al estar en contacto físico cercano entre sí de diversas maneras, como al tomarse de la mano, al abrazarse, al besarse y al tener relaciones sexuales. El contacto físico entre personas que no son pareja incluyen abrazos, caricias en cara, manos e incluso estas personas contantemente se están tocando el cabello o rostro.

Identifica tu lenguaje de amor y ponlo en práctica al dar y recibir amor, observa a tu alrededor cual es el lenguaje del amor que manifiestan y acéptalo.

TE QUIERO INSPIRAR A: identifiques tu lenguaje de dar y recibir amor.

EJERCICIO INSPIRADOR: escribe en una hoja el lenguaje con el que tu demuestras amor y ponlo en práctica con 5 personas a tu alrededor.

RESULTADOS EN TU VIDA:

51. Vacía tus manos.

Vaciar tus manos significa soltar tu pasado, dejarlo ir. Y puedes pensar para que quisiera soltarlo y dejarlo ir, y la pregunta que tengo para ti sería, ¿Y para que lo quieres?. Una vez que contestas esto y decides soltarlo, te das cuenta que es algo extraño y entonces surge la siguiente pregunta: ¿Por qué nos cuesta tanto dejar las cosas que nos hacen daño?

La historia del pasado, sólo es eso: "pasado", está muerto y no tiene regreso posible. El futuro aún no existe, apenas lo estamos construyendo aquí y ahora. Si tú eres una persona que vive anclada en el pasado, tu presente se tornará en una vida muy accidentada. No es bueno estar reciclando siempre en lo mismo, girar alrededor del mismo círculo vicioso de quejas y dolores: "Es que mi esposo es alcohólico y aparte es histérico", "Es que es un irresponsable y no me da para el gasto", "Es que me violaron", "Es que me engañaron", "Es que me dejaron", "Es que se burlaron de mí", "Es que estoy enferma", "Es que soy muy pobre", "Es que soy muy torpe", "Es que no tengo suerte". ¿Sabes cómo se llama todo eso?, esas frases se llaman: Excusas, excusas, excusas, entiéndelo de una vez, o seguirá en lo mismo, perdido tu tiempo.

No puedes pasarte la vida tratando de retener todo aquello que no te es útil para nada. Aquello que te estanca en tu progreso, superación personal y te impide crecer como persona. Te puedes pasar años tratando de reconstruir una relación rota y lo más seguro es que te quedes sola, arañando los techos y paredes de tu vida, añorando el tiempo perdido y diciendo: "Quisiera, quisiera, quisiera, cuánto hubiera querido que fuera"... Pero no fue y punto.

Desatórate, suelta las costumbres, los hábitos, los vicios, los apegos que te hacen esclavo de tus propios sentimientos y resentimientos

Te haré 4 preguntas para que empieces a

cambiar tu manera de pensar respecto a tu vida.

*¿Piensa como sería tu vida si no existiera nada a lo cual aferrarte?

*¿Qué harías en este momento si tuvieras tus manos totalmente vacías?

*¿Para qué conservar algo que no nos es útil para nada?.

*¿Qué sentido tiene que tratemos seguir amando a alguien que ni siquiera quiso aprender a amarse a sí mismo?

¡Deja ya el pasado atrás! ¡Suéltalo! Deja que se vaya... ¡Atrévete a decirle adiós! Y vacía tus manos de todo eso.

Suelta ya el pasado de tus manos, vive el aquí y ahora, disfruta de tu corazón y de tu vida y verás que empezarán a sucederte cosas hermosas, las cosas que tú querías para ti.

TE QUIERO INSPIRAR A: que aprendas a vaciar tus manos del pasado.

EJERCICIO INSPIRADOR: piensa y contesta para ti cada una de las 4 preguntas y tomate tu tiempo para escribir las respuestas de cada una de ellas.

RESULTADOS EN TU VIDA:

Capítulo 3.
Plan Inspírate

A partir de las meditaciones guiadas realizadas en el programa de radio on-line, surgió la idea de llevar estas meditaciones en directo a las personas, por lo que idealice, imagine y cree el Plan Inspírate cuyos objetivos principales son:

** Eliminar sobrepeso
** Equilibrar tu cuerpo y mente
** Conectar con tu ser.
** Disminuir el stress, ansiedad y depresión.

En el Plan Inspírate realizamos meditaciones, ejercicios de respiración, ejercicios de estiramiento, algunas posturas de yoga e incluimos una meditación al final con un propósito específico como sentirnos en gratitud, abundancia, amor al cuerpo, luz, enviar deseos, limpiar nuestras energías, amor a la naturaleza, activar la creatividad, reprogramar la mente y muchas más.

En la meditación, trabajas para disciplinar a tu mente y para silenciar la charla interna que siempre la llena. Creas un recipiente puro para que lo llene el Ser Superior. Seguir tu respiración es una disciplina de meditación excelente, como lo es concentrarse en una flama. O visualizar una esfera dorada de luz en tu Plexo Solar que llena todo tu cuerpo con energía y curación. Hay muchas prácticas que puedes estudiar y usar.

BENEFICIOS DE PRACTICAR MEDITACIÓN.

Cuerpo físico: con la meditación, ocurre un cambio en tu cuerpo físico y cada célula de tu cuerpo se llena de prana (energía). Burbujeas de alegría a medida que el nivel de prana aumenta en tu cuerpo.

*Disminuye la presión sanguínea
*Disminuye los niveles de lactato en sangre, reduciendo los ataques de ansiedad.

*Disminuye síntomas relacionados a la tensión como: dolores de cabeza, úlceras, insomnio, problemas musculares y de articulaciones
*Aumenta la producción de serotonina que mejora el humor.
*Mejora el sistema inmunológico
*Transforma a tu cuerpo en un generador, ya que generas una fuente de energía interior

Mente: La meditación lleva el patrón de ondas mentales al estado alfa, la cual promueve la curación. La mente se refresca, se vuelve tranquila y empieza a cambiar conversaciones negativas por conversaciones que dan poder.

*Disminuye la ansiedad.
*La estabilidad emocional mejora.
*Incremento de la felicidad y creatividad.
*Se desarrolla tu intuición
*Logras tener paz y claridad mental
*Los problemas se vuelven pequeños antes de llegar a tí.
*La meditación te hace consciente que tu actitud interna determina tu felicidad.

Espíritu: la Meditación trae armonía interna, te purifica y nutre desde adentro y te calma cuando te sientes desbordado, inestable, o cerrado emocionalmente. Traes armonía dentro tuyo y de este modo influyes sobre las capas sutiles de la creación.

*Emites vibraciones positivas.
*Entras en un espacio de calma y amor.
*Trae armonía a tu ser.
*Empatía con otros seres humanos.
*Cultivar la bondad
*Promover el autoconocimiento
*Fomenta la compasión hacia otros
*Genera un corazón más abierto
*Cultiva el desapego
*Evita el emitir juicios

En general, la meditación te apoya a eliminar el sobrepeso, porque al meditar tu mente sabe exactamente lo que tiene que eliminar, no importa edad, complexión corporal, tipo de padecimiento o tipo de vida sedentario. Siempre puedes cambiar de hábitos poco a poco.

Equilibra tu cuerpo y mente, debido a que comienzas a sentir una profunda conexión, logrando ordenarle a tu mente que mantenga fijo tu cuerpo.

Conecta con tu ser de una forma completamente diferente, permítete reconocer ese paz y tranquilidad.

Al realizar las diferentes posturas, logras disminuir los niveles de stress, ansiedad o depresión por tu estilo de vida sedentario.

TESTIMONIOS DE LOS PARTICIPANTES DEL PLAN INSPÍRATE.

Estos son algunas palabras sobre como el Plan Inspírate ha apoyado a transformar no solo su cuerpo, sino también su mente y espíritu. Creando paz, cambios de hábitos y sobre todo conexión real con su verdadero ser y algunos con su misión en este mundo.

El haber ingresado al "Plan Inspírate" ha sido una de las mejores inversiones en mi vida! Es un sano y divertido estilo de vida, el cual me ha impulsado a mejorar otras áreas mi vida de una forma integral. Con solo unos minutos diarios de meditación, contrarresto el stress y  me cargo de positivismo e incluso adquirir condición física y mental. Gracias por crear el Plan Inspírate! **Julio Bravo. Superintendente de construcción K2.**

Para mi lo más importante de estar en el Plan Inspírate fue de reconocer que mi vida es única y que debo vivir el momento ahora y nada para después o para mañana!!! Me siento más segura como mujer! No dudo de mi! Y también como recobré

mi salud física y la importancia del área mental también! **Rosy Flores. Professional and commercial driver.**

Es un cambio sorprendente en mi vida desde que estoy en la meditación lo primero es que estoy más tranquila, concentrada, con una paz como nunca la había tenido, después de meditar a veces termino con energía o cansada, pero siempre

terminó emocionada y feliz y queriendo más de esa paz y felicidad. **Isabel Díaz. Empresaria Independiente.**

La meditación me hizo ver la gran cantidad de pensamientos negativos que tenia sobre mí, todo lo que me exigía y me juzgaba por no hacer las cosas "perfectas". Aprendí a ver mis pensamientos, aprendes a conectar con tu yo y a amarte. Me siento: libre, tranquila, en paz, liviana. Creo que todos deberíamos meditar. **Sorey Pérez. Vendedora y Promotora.**

Los beneficios que he obtenido han sido paz y tranquilidad. Había tratado dietas y ejercicio y con nada había podido lograr los resultados que obtuve con la meditación, además de desaparecer mi gastritis y alergias. Gracias al Plan Inspírate meditando logré lo que en mucho tiempo anduve buscando, paz conmigo para estar en paz con los demás. **Nonatzin Castañeda. Empresaria Independiente.**

La meditación me ha ayudado a hacerme más consciente de mi persona y evitar el estrés, cada que medito me siento en armonía, con mucha paz y me recargo de energía para continuar mi vida. Con la meditación he notado que mi vida ha empezado a fluir sin

trabas. Gracias! **Rubí Luna. Licenciada en Comercio Exterior.**

Mis ganancias en la meditación: paz mental y aclarar ideas, gran relajación, tiempo para mí. Sanar algunos órganos de mi cuerpo que antes sentía débiles, disponer de gran energía para disfrutar más mi vida, estar en el camino de vivir en otro nivel. Tener

contacto con gente sana. Y aspirar a vivir mucho mejor en un futuro. **Joel Mtz. Chapa. Dueño de Chapa Services.**

FOTOS DE POSTURAS DEL PLAN INSPIRATE

* Posturas de estiramiento y en gratitud.

Meditación en la naturaleza

*Posturas de equilibrio y estiramiento.

Meditación en la naturaleza

*Postura de conexión con los árboles.

Meditación en la naturaleza

*Posturas de manejo de energía y equilibrio.

Meditación en la naturaleza

*Posturas de paz, estiramiento y equilibrio.

Plan inspírate Kids

* Niños disfrutando la meditación.

El Plan Inspírate Kids surgió de la necesidad de las mujeres que tomaban la clase de meditación, ellas empezaron a ver los beneficios de la meditación en sus vidas y quisieron compartirlos con sus hijos, por lo que este Plan se inicio durante el verano y continuo por 16 semanas, logrando que los niños y jóvenes participantes obtuvieran los mismos beneficios, sobre todo y lo mejor, es que mamás e hijos tomaban la clase juntos y la relación entre ellos cambio de una manera positiva.

POSTURAS PARA DISMINUIR PESO.

Estos son algunas posturas básicas utilizadas en el Plan Inspírate para disminuir de peso en tu cuerpo físico. Estas se pueden realizar con un calentamiento previo de una caminata por 10 minutos o estirar el cuerpo por 5 minutos. Realiza cada postura 5 veces cada una, cambia a la siguiente y la realizas 5 veces, no tienen un orden específico, solo debes respirar pausadamente mientras lo haces.

Posturas básicas para disminuir de peso.

*Practica cada una de las posturas al menos 5 veces y cambia a la siguiente.

Quién soy?

Soy Pat Quintero de profesión Ingeniero en Ciencias Ambientales con una Maestría en Manejo de Recursos Naturales, certificada como Life Coach y Entrenadora Transformacional en el 2014 y Facilitadora del Proceso Psych-K Free your mind.

Desde marzo del 2015 a marzo del 2017 tuve un programa de radio llamado "Inspírate con Pat" en una estación de radio on-line.

Dentro de mis habilidades están:
-Talleres en la naturaleza.
-Talleres motivacionales.
-Talleres empresariales.
-Sesiones de Coaching uno a uno.
-Clases de meditación: Plan Inspírate. Mente | Cuerpo | Espíritu.
Además hasta la Abril del 2017 he impartido 17 Talleres de Transformación: 8 Básicos, 3 Avanzados y 6 Programas de Liderazgo 1, 2 y 3.

GRACIAS...GRACIAS...GRACIAS!

Pat Quintero
Life Coach

INSPÍRATE
MENTE | CUERPO | ESPÍRITU

www.inspirateconpat.com

ISBN-13: 978-1546417354

ISBN-10: 1546417354